AF565422

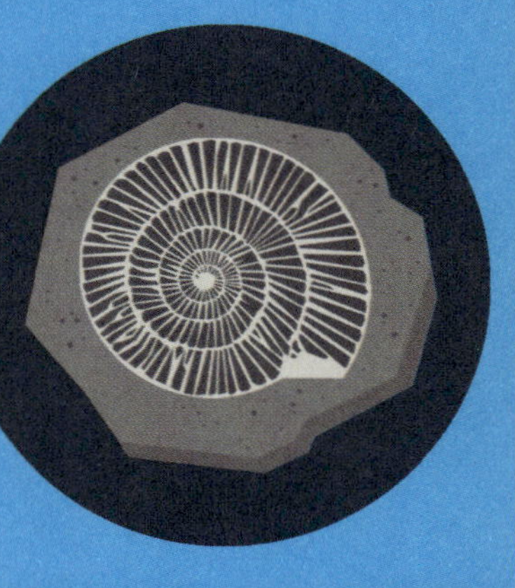

BEN NEWMAN

ist ein mehrfach ausgezeichneter Illustrator, der unter anderem für das Tate Museum in London, BBC Radio 4 und die »New York Times« arbeitet. Ben Newman hat seine eigene Bildsprache entwickelt, die von markanten Formen, leuchtenden Farben und verspielten Charakteren geprägt ist. Neben seiner Arbeit als Illustrator unterrichtet er Illustration an verschiedenen europäischen Universitäten.

Unserem zappeligen kleinen Kraken Ernest Alfie Newman gewidmet, der geboren wurde, als ich anfing, dieses Buch zu zeichnen.

Ben möchte ganz besonders Dominic, Emily und Bia danken, durch deren Hilfe das Buch zu dem wurde, was es jetzt ist.

DR. DOMINIC WALLIMAN

ist Physiker und Informatiker. Er promovierte in Quantenphysik an der Universität von Birmingham in England. Er hält Vorträge und unterstützt Wissenschaftsprojekte an Schulen. Wenn er keine Bücher schreibt, forscht er mit Leidenschaft zu Quantencomputern. Dominic Walliman lebt in Vancouver, Kanada.

Für Teddie, dessen Hilfe, Expertise und Unterstützung bei der Entstehung dieses Buches von unschätzbarem Wert waren.

Wir haben größte Sorgfalt darauf verwendet, sicherzustellen, dass alles, was in diesem Buch steht, auf seine Richtigkeit geprüft ist. Dennoch sind wir glücklicherweise nur Menschen, und gelegentlich kommen Fehler vor. Solltest du einen finden, sende bitte eine E-Mail mit der fehlerhaften Textstelle an info@nord-sued.com, und wir werden den Fehler in der nächsten Auflage korrigieren.

© NordSüd Verlag AG, Franklinstrasse 23, CH-8050 Zürich, für die deutschsprachige Ausgabe
Alle Rechte, auch die der Bearbeitung oder auszugsweisen Vervielfältigung, gleich durch welche Medien, vorbehalten.

Übersetzung: Sylvia Prahl
Lektorat: Elena Rittinghausen
Fachliche Beratung: PD Dr. Holger Auel
Satz: Britta Stukenborg
Druck und Bindung: OZGraf S. A., Polen
ISBN: 978-3-314-10558-6
1. Auflage 2021

Die Originalausgabe erschien 2020 unter dem Titel »Professor Astro Cat's Deep-Sea Voyage« bei Flying Eye Books, einem Imprint von Nobrow Ltd., 27 Westgate Street, London, E8 3RL.

Text © Dr. Dominic Walliman und Ben Newman / Illustration © Ben Newman

PROFESSOR ASTROKATZ

REISE IN DIE TIEFSEE

Nord
Süd

GESCHRIEBEN VON DR. DOMINIC WALLIMAN
ILLUSTRIERT VON BEN NEWMAN

AUS DEM ENGLISCHEN VON SYLVIA PRAHL

INHALT

Wie tief ist das Meer?

GILBERT

Warum ist das Meer blau?

Was ist ein Fisch?

MARTHA

Woher kommt das ganze Wasser?

Was sind das für Tiere in diesem kleinen Tümpel?

EVIE

Woraus besteht ein Krabbenpanzer?

Aloha, Freunde und Freundinnen der Wissenschaft! Bevor wir zu unserem nächsten Abenteuer aufbrechen, genießen wir noch die Sonne und die Brandung. Dieses Mal werden wir pudelnass, denn wir lernen alles über die Weltmeere!

FELICITY

ASTROMAUS

PROFESSOR ASTROKATZ

Unser blauer Planet ist größtenteils von Wasser bedeckt – aber wie viel weißt du über das, was sich unter den Wellen abspielt? Von Kelpwäldern über Korallenriffe bis zum Meeresgrund und den Tiefseeschloten – Meeresbewohner leben in einer äußerst vielfältigen Welt. Manche Organismen bleiben nah an der Oberfläche, andere verstecken sich in dunkelsten Tiefen. Es ist ein unglaubliches Reich der Wunder, das nur so strotzt vor einigen der faszinierendsten Lebensformen, die es auf unserem Planeten gibt. Und es ist die letzte Region der Erde, die es noch genau zu erforschen gilt. Also, worauf wartest du noch? Pack deine Badesachen und deine Tauchausrüstung ein, und begleite mich, **Professor Astrokatz,** und meine clevere Crew auf unserer unglaublichen ***Reise in die Tiefsee***. Leinen los!

AN DER KÜSTE

Wir beginnen unser nasses Abenteuer an der Küste. Küsten sind Landflächen, die direkt ans Meer grenzen. Es gibt viele Arten von Küsten: Sandstrände und Felsküsten, schroffe Klippen und Höhlen – und sie alle stecken voller Leben! Jede dieser Küstenlinien stellt ein eigenes **Ökosystem** dar, in dem sich Wasser und Land miteinander verbinden.

WAS IST SAND?

Sand besteht aus Steinen oder Muschelschalen, die von den Wellen in klitzekleine Teilchen zerrieben wurden. Wenn du einen Stein oder einen Kiesel am Strand findest, ist er höchstwahrscheinlich rund und glatt, weil er von der Brandung immer wieder über andere Steine und Kiesel geschuppert und dadurch abgeschliffen wurde.

LEBEN UNTER STEINEN

Wenn du das nächste Mal am Strand bist, buddele doch mal im Sand oder werfe einen Blick unter die Steine. Manchmal verstecken sich dort Krabben, Muscheln und Würmer vor Räubern, zum Beispiel hungrigen Vögeln. Tatsächlich leben im Sand unter deinen Füßen Tausende **Organismen,** von denen manche so winzig sind, dass du sie mit bloßem Auge nicht erkennen kannst.

GEZEITENTÜMPEL

Jeden Tag steigt und fällt das Wasser an der Küste im Rhythmus der Gezeiten. Bei Flut steht hier alles unter Wasser. Bei Ebbe sinkt der Wasserstand so weit ab, dass wir viele Meerestiere und Seetang leicht sehen können. Meersalat, kleine Fische, Krabben, Muscheln, Aale und sogar Kraken werden in Gezeitentümpeln aus Fels oder Sand eingeschlossen. Viele dieser Lebewesen sind geschickt darin, sich schnell zu verstecken, aber mit ein wenig Geduld bekommst du vielleicht welche von ihnen zu Gesicht.

FELSENTOR

SCHLAGENDE WELLEN

Wellen haben sehr viel Energie. Ihre Brandung höhlt mit der Zeit selbst härtesten Stein aus. Es kann passieren, dass die ausgewaschene Küstenlinie wegbricht und ins Meer fällt. Dabei können tolle Bögen und Steinsäulen entstehen, die **Felsentore** und **Brandungspfeiler** genannt werden.

BRANDUNGS-PFEILER

HIMMLISCHER SOG

Die Erdanziehungskraft hält uns am Boden. Sonne und Mond haben ebenfalls starke **Anziehungskräfte,** mit denen sie auf die Meere einwirken und zu sich hinziehen. Bei Vollmond oder Neumond, wenn Erde, Mond und Sonne in einer Achse stehen, ist die Kraft am größten, und Flut und Ebbe sind am stärksten.

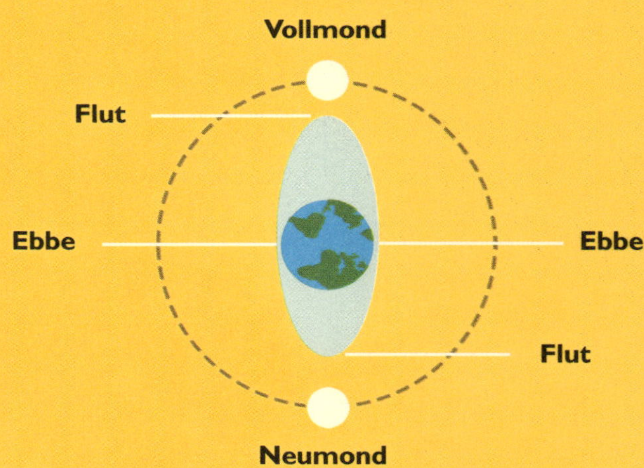

WUSSTEST DU SCHON?

Der wunderschöne Sand an den Stränden von Hawaii besteht zum größten Teil aus **Papageifisch**-Kacke! Mit ihren superstarken Zähnen zermalmen Papageifische tote Korallen und scheiden sie wieder aus. Je nach Art produziert ein Papageifisch zwischen 400 Kilogramm und 4 Tonnen Sand im Jahr!

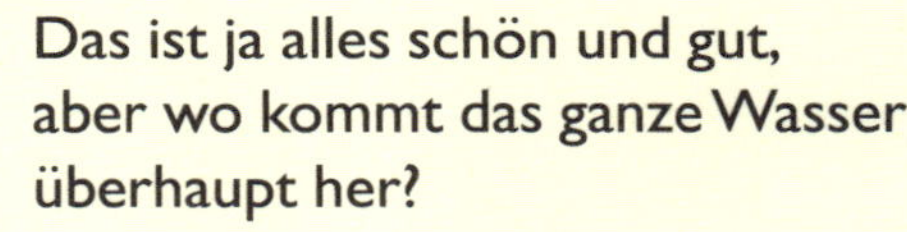

Das ist eine ganz fantastische Frage, Gilbert! Ich erklär's mal …

MEERE ENTSTEHEN

Du magst gerade festen Boden unter den Füßen haben, aber wusstest du, dass unser Planet mehr Wasserflächen hat als Land? Die Erdoberfläche ist zu mehr als 70 Prozent von Meeren bedeckt. Diese sind nicht nur riesig, sondern auch sehr alt. Um herauszufinden, wo all das Wasser herkommt, müssen wir 4,6 Milliarden Jahre zurückreisen. Denn um diese Zeit begann sich die Erde aus Staubwolken zu formen, die um die Sonne herumwirbelten.

ERDE VOR 4,6 MILLIARDEN JAHREN

HEISSES GESTEIN

Die Erde entstand aus kollidierenden Gesteinsbrocken, Staub und Metallen. In all diesen Stoffen steckten wasserhaltige Mineralien.

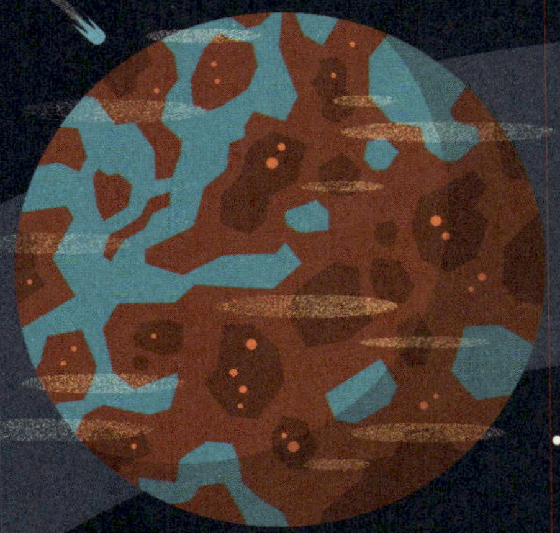

ABKÜHLUNG

Während ihrer Entstehung wurde die Erde sehr heiß. Das Wasser in ihrem Inneren brach als **Wasserdampf** aus Vulkanen heraus. Der Dampf **kondensierte,** regnete ab und bedeckte die gesamte Erdoberfläche. Dazu kam vermutlich noch mehr Wasser, als eisige Kometen mit der noch jungen Erde zusammenstießen.

LEBEN IM MEER

Manche Wissenschaftler glauben, dass das erste Leben vor ungefähr 4 Milliarden Jahren tief unten in den Meeren entstand, in der Nähe **hydrothermaler Quellen.** Während der nächsten paar Milliarden Jahre entwickelten sich aus einfachen, mikroskopisch kleinen Lebewesen immer komplexere.

VOM WASSER AUFS LAND

Vor etwa 375 Millionen Jahren wimmelte es im Meer von unterschiedlichen Lebewesen. Einige Tiere, die nah am Land lebten, entwickelten die Fähigkeit, Luft zu atmen und damit dauerhaft an Land zu leben. Im Laufe der **Evolution** kehrten später einige Tiere ins Meer zurück. Wale und Delfine stammen zum Beispiel von landlebenden Säugetieren ab.

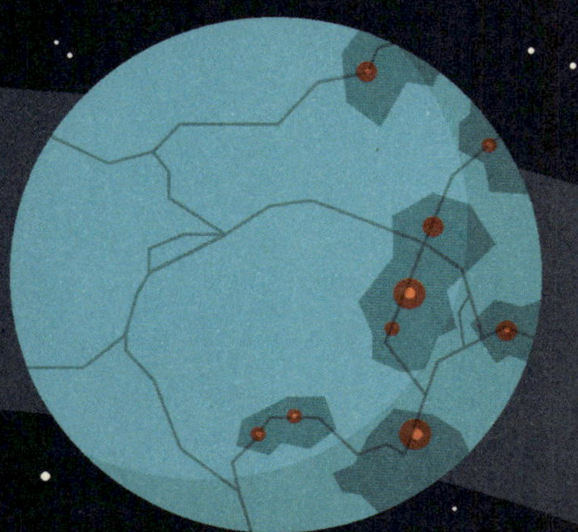

KRACHENDE KRUSTE

Die Landmassen wuchsen weiter, weil sich Teile der Erdkruste – die Kontinentalplatten – verschoben. Unten siehst du, wie die Welt vor ungefähr 200 Millionen Jahren aussah.

LAND UND MEER

Möglicherweise war vor 4 Milliarden Jahren die gesamte Erdoberfläche von Wasser bedeckt – kein Land in Sicht! Später wuchsen Vulkane aus dem Meeresgrund und formten die ersten Landmassen.

Der **Erdmantel** besteht hauptsächlich aus festem Gestein, manche Teile sind aber heißer und flüssiger.

Der **äußere Kern** besteht aus flüssigem Gestein und Metall.

Der **innere Kern** besteht aus festem Metall, überwiegend aus Eisen und Nickel.

Die dünnste Schicht ist die **Erdkruste.** Von ihr gibt es zwei Typen: die kontinentale und die ozeanische Erdkruste.

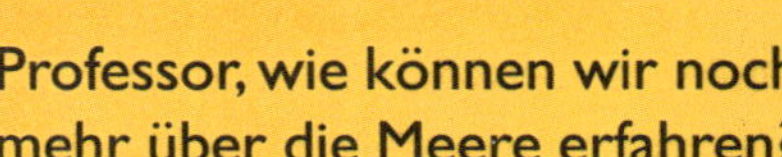

KONTINENTALPLATTEN

Das **flüssige Gestein** (Magma) im Erdmantel ist so heiß, dass es wie dickflüssiger Sirup hin und her wabert. Dadurch werden die darauf schwimmenden Kontinentalplatten in Bewegung gebracht. Wo die Platten aufeinandertreffen, wird ein Teil der Erdkruste in die Tiefe geschoben und ein anderer in die Höhe gestemmt. Diese Bewegungen haben das Erscheinungsbild der Erde über Millionen von Jahren drastisch verändert.

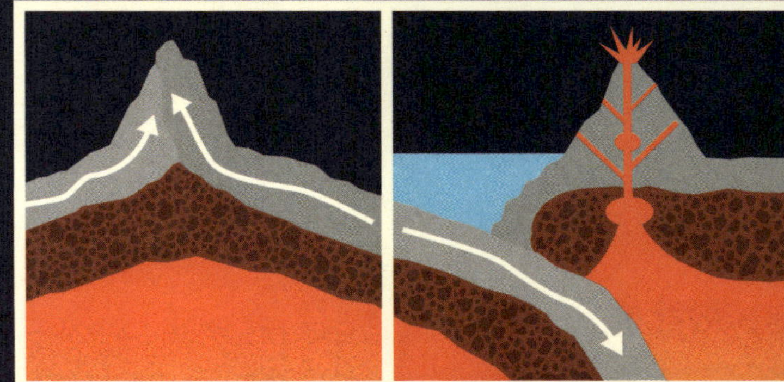

IN STEIN GEMEISSELT

Dass wir so viel über Lebewesen wissen, die vor Millionen Jahren gelebt haben, verdanken wir **Fossilien**. Sie entstehen, wenn gestorbene Meerestiere unter Schlamm und Ton am Meeresgrund begraben werden. Dort verwandeln sich ihre Überreste über Millionen von Jahren zu Stein und werden zu Fossilien. Bei Ausgrabungen entdeckte Fossilien liefern uns wichtige Erkenntnisse über die Tiere von vor Millionen von Jahren.

Professor, wie können wir noch mehr über die Meere erfahren?

Zufällig habe ich in der Nähe ein Schiff vor Anker liegen. Alle an Bord!

AN BORD

Für unsere Reise muss das Schiff absolut seetauglich und für alle Herausforderungen auf hoher See gewappnet sein. Unser Schiff heißt *Chibbley* – benannt nach der abenteuerlustigen Katze, die an Bord der *Picton Castle* fünf Mal die Erde **umsegelt** hat. Zunächst müssen wir prüfen, ob wir die nötige Ausrüstung beisammen haben. Hilfst du mir dabei, klar Schiff zu machen?

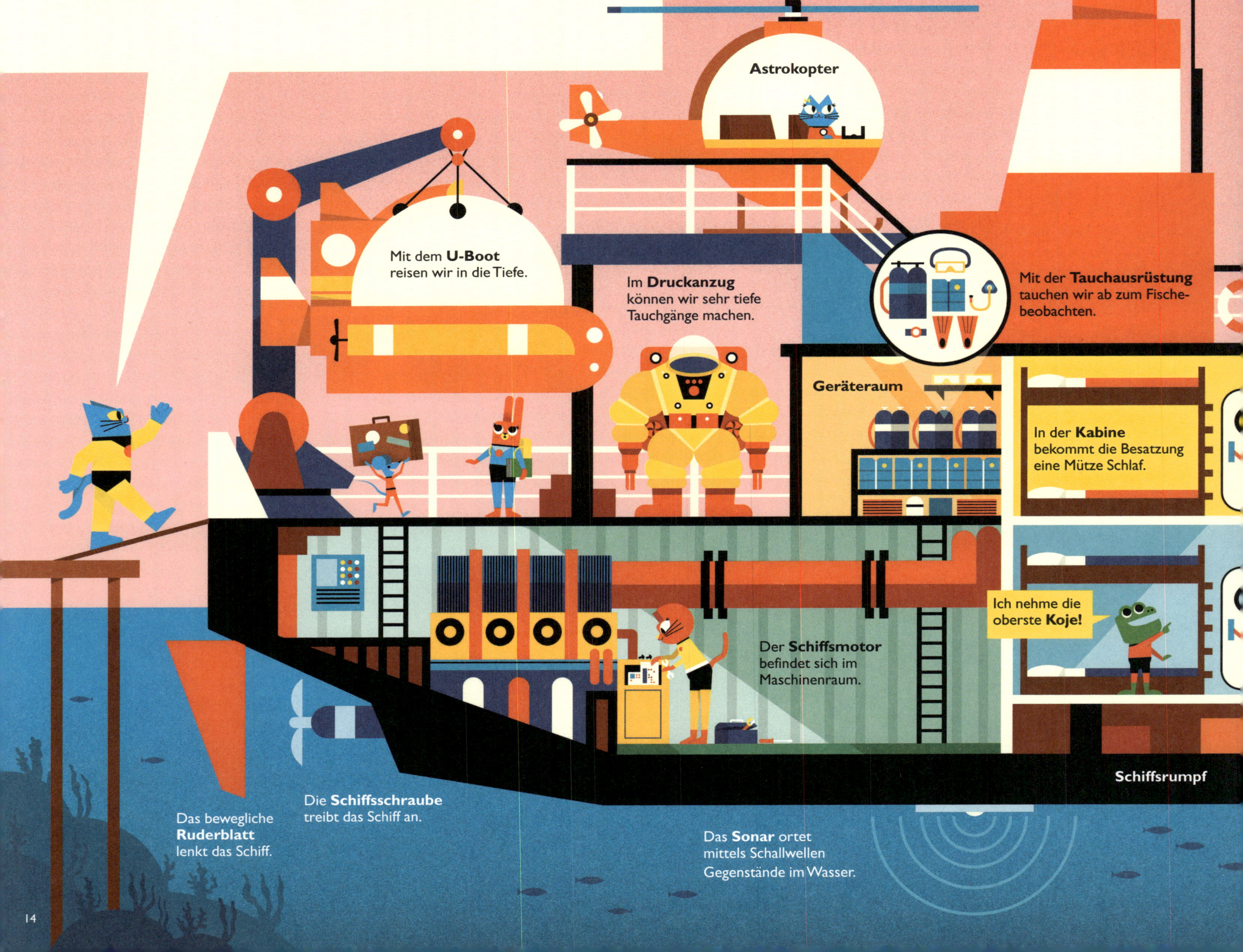

Astrokopter

Mit dem **U-Boot** reisen wir in die Tiefe.

Im **Druckanzug** können wir sehr tiefe Tauchgänge machen.

Mit der **Tauchausrüstung** tauchen wir ab zum Fische-beobachten.

Geräteraum

In der **Kabine** bekommt die Besatzung eine Mütze Schlaf.

Ich nehme die oberste **Koje!**

Der **Schiffsmotor** befindet sich im Maschinenraum.

Schiffsrumpf

Das bewegliche **Ruderblatt** lenkt das Schiff.

Die **Schiffsschraube** treibt das Schiff an.

Das **Sonar** ortet mittels Schallwellen Gegenstände im Wasser.

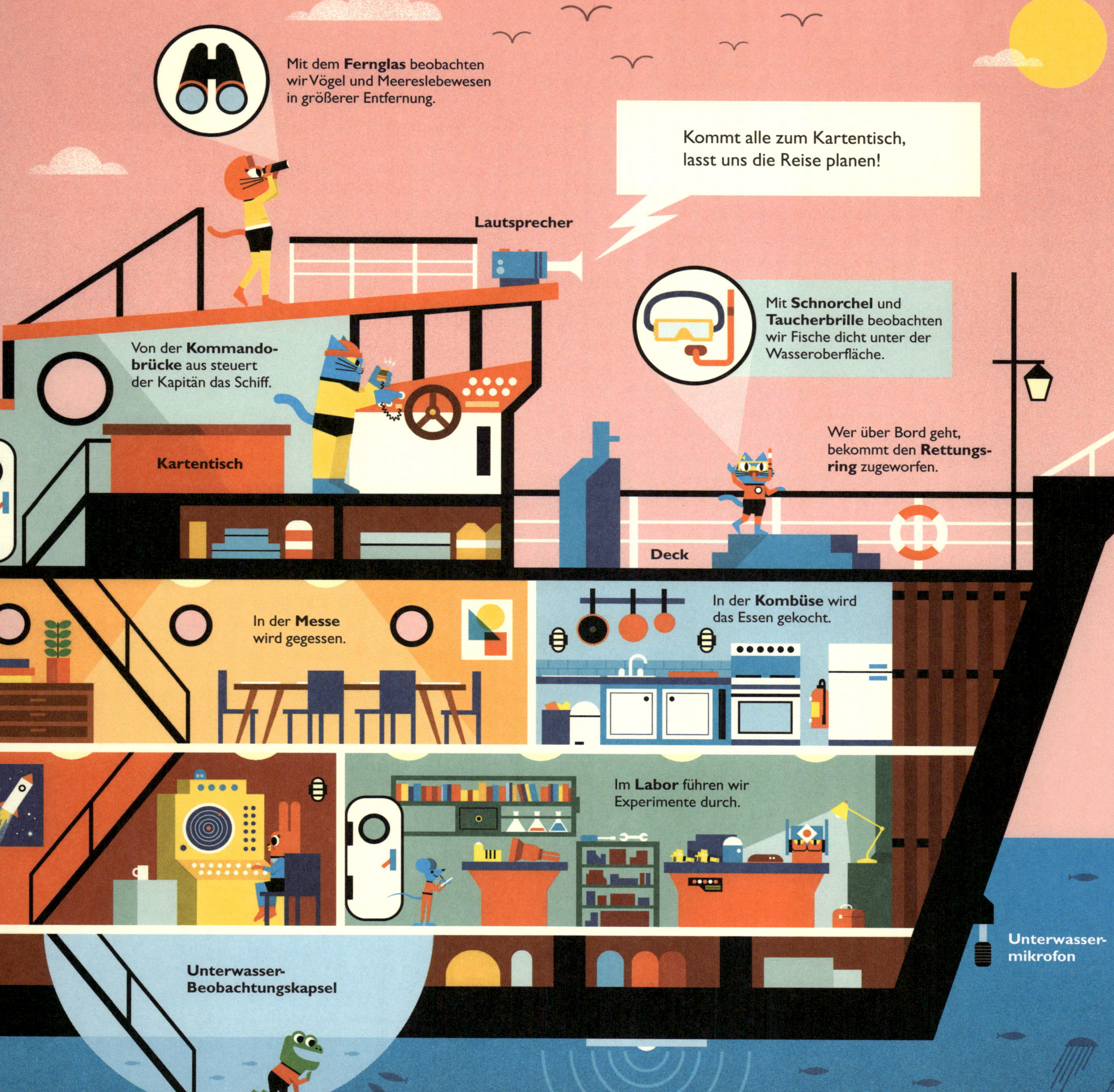
Mit dem **Fernglas** beobachten wir Vögel und Meereslebewesen in größerer Entfernung.
Kommt alle zum Kartentisch, lasst uns die Reise planen!
Lautsprecher
Mit **Schnorchel** und **Taucherbrille** beobachten wir Fische dicht unter der Wasseroberfläche.
Von der **Kommandobrücke** aus steuert der Kapitän das Schiff.
Kartentisch
Wer über Bord geht, bekommt den **Rettungsring** zugeworfen.
Deck
In der **Messe** wird gegessen.
In der **Kombüse** wird das Essen gekocht.
Im **Labor** führen wir Experimente durch.
Unterwasser-Beobachtungskapsel
Unterwasser-mikrofon

SEEKARTEN

Bevor du auf Reisen gehst, solltest du dir eine Route überlegen. Auf dieser Weltkarte hier sind die meisten Meere und sämtliche Ozeane der Erde eingezeichnet. Sie wird uns bei der Planung eine große Hilfe sein.

MEER UNTERSCHIED

Genau wie Meere sind Ozeane große Wasserkörper, doch es gibt einen entscheidenden Unterschied zwischen beiden: **Ozeanbecken** sind viel größer und tiefer als Meere. Außerdem sind sie alle miteinander verbunden und bilden einen einzigen, gigantischen Weltozean. Meere sind zwar auch Teil der Ozeane, sie sind aber viel kleiner und grenzen an mindestens einer Seite an Land.

ARKTISCHER OZEAN

Ein großer Teil des Arktischen Ozeans, auch Nordpolarmeer genannt, ist von Packeis bedeckt. Die Eisdecke wächst und schrumpft je nach Jahreszeit. Durch den **Klimawandel** schmelzen die Eismassen der Arktis jeden Sommer ein Stück mehr. Eines Tages wird das Nordpolarmeer im Sommer komplett eisfrei sein.

PAZIFISCHER OZEAN

Das größte Ozeanbecken der Erde ist der Pazifik. Er erstreckt sich beinahe halb um die Erdkugel und ist fast so groß wie alle anderen Meere zusammen. Er hat eine Tiefe von durchschnittlich circa 4 000 Metern und ist damit doppelt so tief wie der Grand Canyon in Nordamerika. Sein Meeresboden sitzt auf einer riesigen Kontinentalplatte, die gegen die umliegenden Platten presst und gleichzeitig nach unten in den Erdmantel drückt. Die Spannungen zwischen den sich bewegenden Kontinentalplatten verursachen Erdbeben, Tsunamis und Vulkanausbrüche. Deshalb heißt der Vulkangürtel, der den Pazifischen Ozean umgibt, auch **Pazifischer Feuerring.**

ATLANTISCHER OZEAN

Das zweitgrößte Ozeanbecken der Erde ist der Atlantik – und es wird immer größer. Ein gigantischer Graben, der **Mittelatlantische Rücken,** verläuft auf voller Länge durch seine Mitte. Von diesem Graben aus entfernen sich zwei Kontinentalplatten jedes Jahr im Schnitt 2,5 Zentimeter voneinander. Deine Fingernägel wachsen etwa in dem gleichen Tempo!

WUSSTEST DU SCHON?

Jeder Liter Meerwasser enthält zwei Esslöffel Salz. Zum Trinken ist das zu salzig. Wer Meerwasser trinkt, verliert sogar Wasser, weil die Nieren zum Ausspülen des Salzes mehr Wasser benötigen, als man getrunken hat.

SÜDPOLARMEER

Wegen seiner heulenden Stürme, eiskalten Gewässer und gigantischen Eisberge ist das Südpolarmeer das gefährlichste Ozeanbecken. Die Eisberge brechen von den riesigen Gletschern der Antarktis ab.

INDISCHER OZEAN

Der Indische Ozean hat von allen Ozeanbecken das wärmste Wasser. Im Golf von Bengalen kann das Wasser laue 30 Grad Celsius oder sogar noch wärmer werden! Doch weiter südlich, wo der Indische Ozean auf das Südpolarmeer trifft, sieht die Sache ganz anders aus: Dort sinken die Temperaturen unter den Gefrierpunkt.

WILDES WETTER

Wer auf Abenteuerreise geht, muss auf alles vorbereitet sein, also auch auf schlechtes Wetter. Als Sicherheitsoffizier an Bord der *Chibbley* bitte ich euch deshalb, aufmerksam zuzuhören. Auch dich, Gilbert! Stürme können Schiffen auf hoher See gefährlich werden, sind aber auch ein wunderbares Naturschauspiel.

Wo kommt bloß der ganze Regen her?

MEER REGEN

Scheint die Sonne auf das Meer, dann erhitzt sie das Wasser und es **verdunstet** teilweise. Die warme Luft und der Wasserdampf steigen nach oben, denn heiße Luft ist leichter als kalte.

Verdunstung

Regen

Hat der Wasserdampf eine gewisse Höhe erreicht, kühlt er ab und verwandelt sich zurück in winzige Wassertröpfchen, die sich zu Wolken zusammenschließen. Je mehr sich die Luft abkühlt, desto größer werden die Tropfen, bis sie als **Regen** aus den Wolken herausfallen.

WIND UND WELLEN

Wenn heiße Luft aufsteigt und sich verflüchtigt, rückt neue Luft nach und ersetzt sie. Dadurch entstehen Winde. Wehen diese Winde über die Wasseroberfläche, erfassen sie kleine Wellen, machen sie größer und lassen sie zu großen Wellen anschwellen. Stürme können die Wellen riesig werden lassen, und das ist für Schiffe dann wirklich gefährlich.

NATURGEWALTEN

Wirbelstürme, auch **Hurrikane** genannt, sind riesige, sich drehende Spiralen aus Wolken, Regen und Wind. Sie sind die heftigsten Stürme, die es auf der Erde gibt – dabei fangen sie ganz klein an! Hurrikane entstehen in wärmeren Regionen über dem Meer, wenn kalte Luftmassen aus allen Richtungen einströmen, um warme zu ersetzen. Dabei bilden sich Wolken, die dann anfangen, gefährlich umherzuwirbeln.

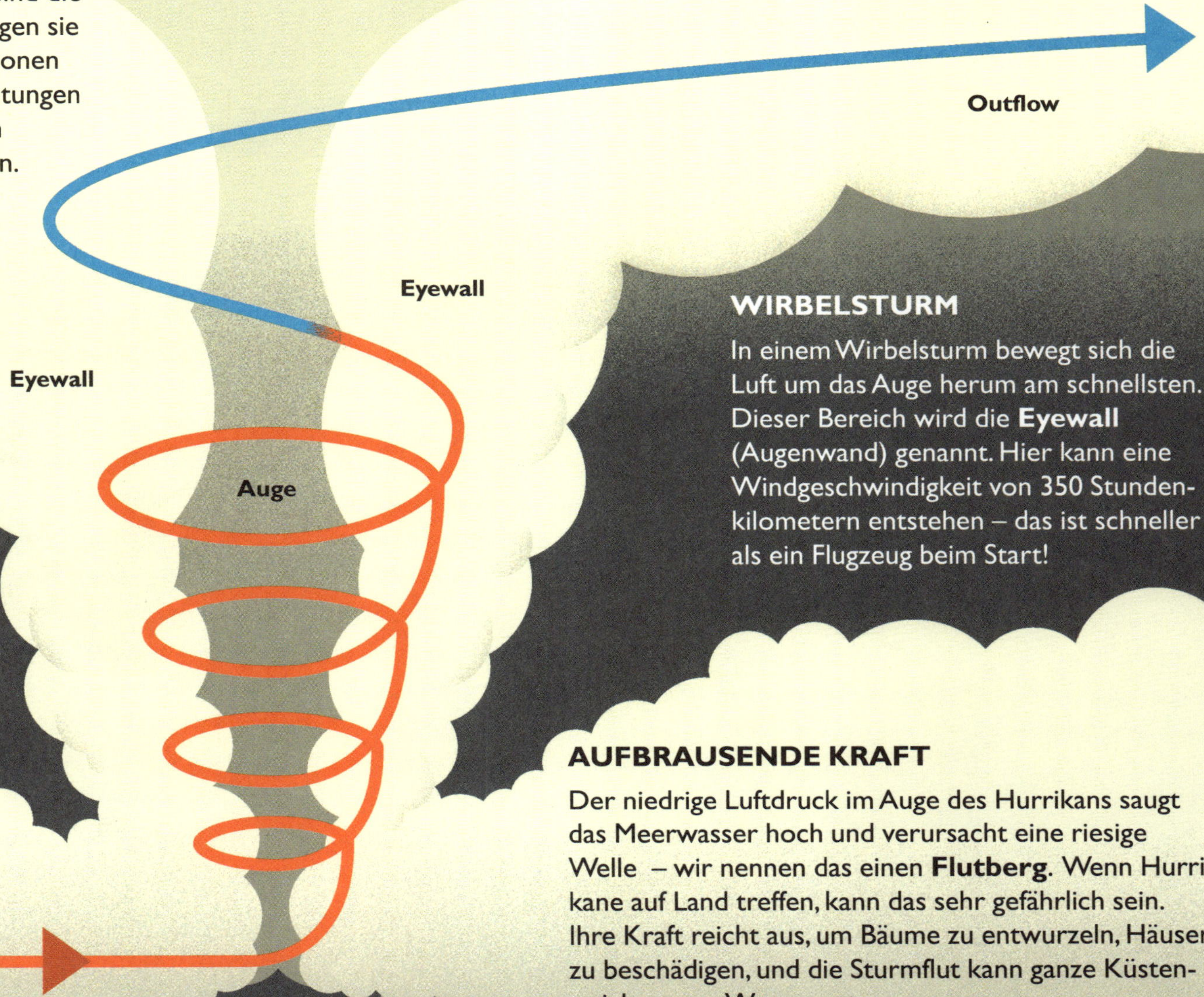

Outflow

Eyewall

Eyewall

Auge

IM AUGE DES ORKANS

Wenn sich diese Wirbel weiter über dem warmen Wasser bewegen, werden sie immer größer. Warme Luft steigt im Inneren des Wirbelsturms – dem **Auge** – auf und zieht dabei weitere Luft von außen nach innen. Wirbelstürme können einen Durchmesser von 600 Kilometern erreichen – das entspricht der Breite Deutschlands!

WIRBELSTURM

In einem Wirbelsturm bewegt sich die Luft um das Auge herum am schnellsten. Dieser Bereich wird die **Eyewall** (Augenwand) genannt. Hier kann eine Windgeschwindigkeit von 350 Stundenkilometern entstehen – das ist schneller als ein Flugzeug beim Start!

AUFBRAUSENDE KRAFT

Der niedrige Luftdruck im Auge des Hurrikans saugt das Meerwasser hoch und verursacht eine riesige Welle – wir nennen das einen **Flutberg**. Wenn Hurrikane auf Land treffen, kann das sehr gefährlich sein. Ihre Kraft reicht aus, um Bäume zu entwurzeln, Häuser zu beschädigen, und die Sturmflut kann ganze Küstenstriche unter Wasser setzen.

WUSSTEST DU SCHON?

Auf der Südhalbkugel drehen sich Wirbelstürme im Uhrzeigersinn und auf der Nordhalbkugel gegen ihn.

IM REICH DER TIEFE

Bevor wir ablegen, werfen wir noch einen Blick in die Tiefe. Das Meer ist sehr groß, tief und dunkel – und die Lebensbedingungen unterscheiden sich stark, je nachdem, wo man sich befindet. An der Wasseroberfläche gibt es Sonnenlicht und es ist wärmer, aber je tiefer du tauchst, desto dunkler und kühler wird es. Die Tiefe lässt sich in unterschiedliche Bereiche aufteilen. Lichtet die Anker, jetzt stechen wir in See!

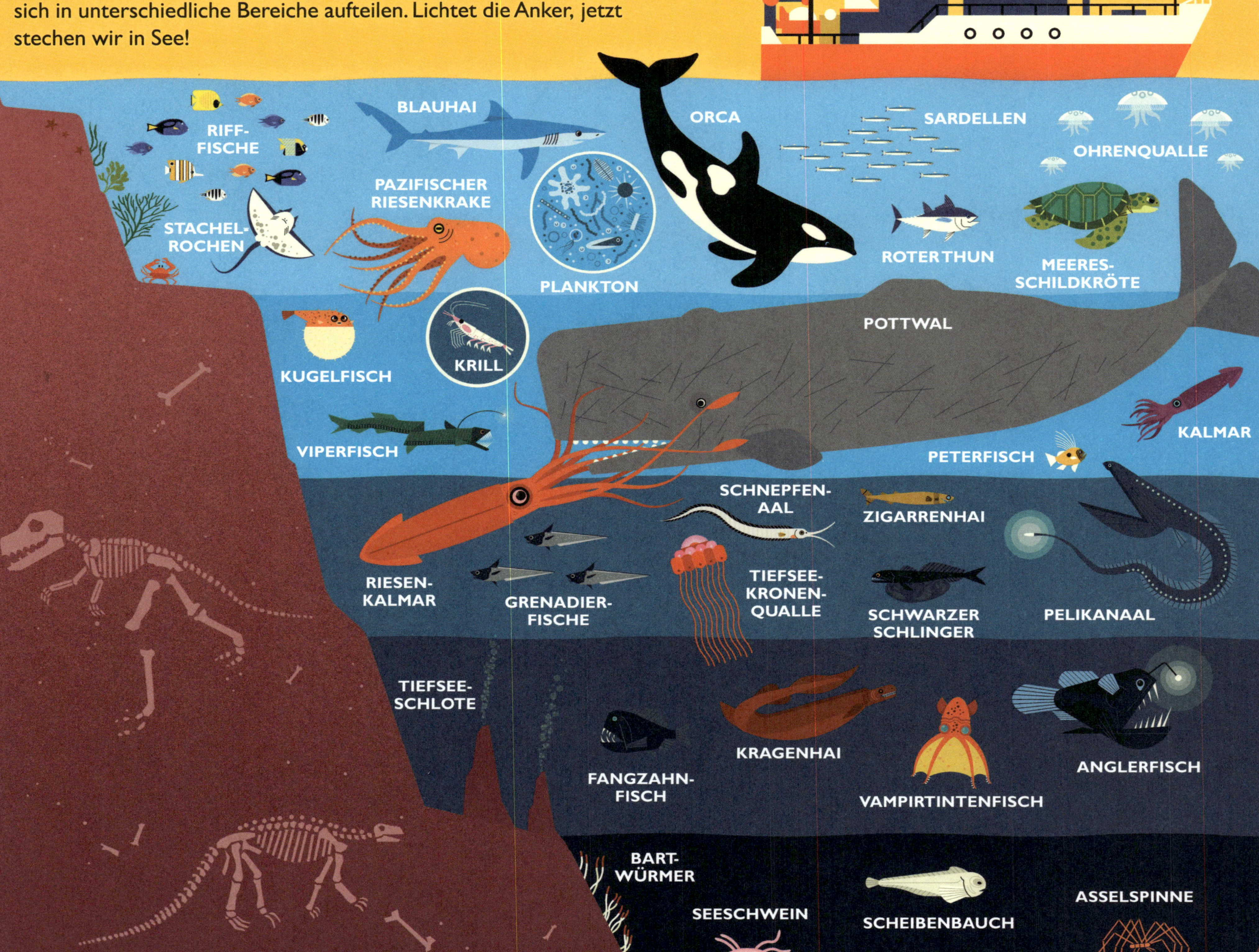

DIE LICHTREICHE ZONE

Das Sonnenlicht dringt bis zu 200 Meter tief ins Meer. In der lichtreichen Zone (Epipelagial) leben die meisten Meerestiere. Auch mikroskopisch kleine Organismen wie **Plankton** gibt es hier. Phytoplankton gehört zu den **Primärproduzenten,** das heißt, es wandelt – genau wie Pflanzen an Land – Sonnenlicht und Wasser in Energie um. Plankton wird von vielen Meerestieren gefressen und steht am Anfang der **Nahrungskette** in den Gewässern der Erde.

DÄMMERZONE

Die Dämmerzone (Mesopelagial) reicht von 200 bis 1000 Meter. In diesen Bereich gelangt nur noch wenig Sonnenlicht. Für Phytoplankton ist es hier schon zu dunkel, um zu wachsen, was aber nicht heißt, dass es hier kein Leben gibt. Meerestiere wie **Krill** gedeihen in dieser Tiefe ganz prächtig, und **Pottwale** jagen hier ihre Beute.

MITTERNACHTSZONE

In die Tiefe von 1000 bis 4000 Meter dringt gar kein Licht mehr vor. In der Mitternachtszone (Bathypelagial) kannst du die Hand vor Augen nicht mehr sehen. Manche Tiere, die hier leben, wie zum Beispiel der **Pelikanaal,** erzeugen selbst Licht. Diese Fähigkeit nennen wir **Biolumineszenz**.

ABYSSOPELAGIAL

Die nächsttiefere Zone, das Abyssopelagial, reicht von 4000 bis 6000 Meter. Die hier lebenden Tiere ernähren sich von **Meeresschnee**. Das sind winzig kleine Partikel, die aus höheren Zonen »herunterregnen«. In diesen Tiefen gedeiht das Leben rund um Tiefseeschlote, denn die Energie wird hier nicht mehr von der Sonne geliefert, sondern kommt aus dem Erdinneren.

ZONE DER TIEFSEEGRÄBEN

Die tiefste Zone des Meeres wird Hadopelagial genannt. Sie beginnt bei 6000 Metern und reicht bis auf den Grund des **Marianengrabens**. Mit fast 11000 Metern ist es der tiefste bekannte Graben. Weil es sehr schwer ist, dorthin zu gelangen, haben wir bisher auch nur den Hauch einer Ahnung, welches Leben dort existiert.

OZEANBLAU

Dass das Meer blau aussieht, hat mit der Art zu tun, wie das Sonnenlicht auf die Wasseroberfläche trifft. Sonnenlicht enthält alle Farben des **Lichtspektrums**. Die Farben Rot, Gelb und Grün werden aber stärker absorbiert als die Farbe Blau, weil sie eine größere Wellenlänge haben.

Blau und Lilatöne werden also aufgrund ihrer kürzeren Wellenlängen weniger gut vom Wasser absorbiert und deshalb mehr gestreut, wodurch das Meer für unsere Augen blau erscheint. Das Wasser in deinem Glas ist in Wahrheit auch blau, aber nur so wenig, dass es kaum zu sehen ist.

DER MARIANENGRABEN

Im Marianengraben schiebt sich die Pazifische Platte langsam unter die Kontinentalplatte Asiens. Es gibt viele Tiefseegräben, und sie liegen immer im Hadopelagial und an den Kanten der Erdplatten.

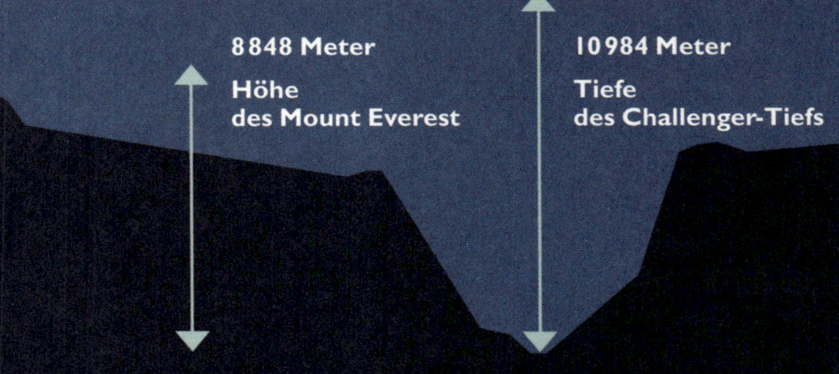

CHALLENGER-TIEF

Am südlichen Ende des Marianengrabens liegt der tiefste, bisher bekannte Punkt der Erde, das Challenger-Tief. Es liegt 10984 Meter unter dem Meeresspiegel. Wenn du den Mount Everest dort unten hinstellen würdest, läge sein Gipfel immer noch mehr als 2 Kilometer unter der Wasseroberfläche!

KELPWÄLDER

Der erste Zwischenstopp unserer Reise sind die Tangwälder (oder Kelpwälder), die in den seichten Gewässern rund um die Küsten zu finden sind. Wie die Wälder an Land bieten sie vielen Tieren Schutz und Nahrung. Algen brauchen Sonnenlicht, weshalb Tangwälder in der Regel nur bis zu 15 Meter unter der Wasseroberfläche wachsen. In besonders klaren Gewässern, in die das Sonnenlicht tiefer eindringen kann, können Kelpwälder bis zu 40 Meter tief reichen. Die längsten Kelpwedel können so hoch werden wie Bäume.

GEWITZTER TANG

Um nicht abzudriften, heftet sich Tang mit einem wurzelartigen **Haftorgan** am Meeresboden fest. An Land helfen Wurzeln den Pflanzen, Wasser und Nährstoffe aufzunehmen. Diese Haftorgane dagegen sind nur dazu da, den Tang an Ort und Stelle zu halten. Darum gehören Kelp und ähnliche Organismen nicht zu den eigentlichen Pflanzen, sondern zu den **Meeresalgen**. Sie beziehen ihre Nährstoffe einfach aus dem Wasser. In Kelpwäldern ist das Leben äußerst vielfältig, ihre kräftigen Wedel bieten vielen Lebewesen Schutz vor Stürmen und Fressfeinden, sodass sie ihren Nachwuchs sicher aufziehen können.

WUSSTEST DU SCHON?

Tang wächst rasend schnell – bis zu 60 Zentimeter am Tag!

STACHELBALL

Seeigel sind kleine, stachelige Tiere, rund wie ein Ball. Tritt lieber nicht drauf, das pikst wirklich fies. Purpur-Seeigel kauen mit ihren kräftigen Zähnen besonders gern auf Tang herum.

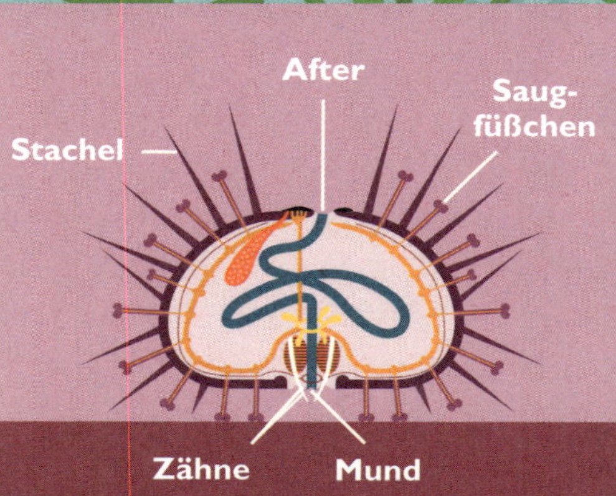

GESCHICKTE OTTER

Seeotter lieben Kelpwälder, weil sie dort ihre liebsten Leckereien wie **Schalentiere** und **Seeigel** finden. Weil die sich nicht so einfach verzehren lassen, haben Seeotter eine schlaue Strategie entwickelt: Auf dem Rücken schwimmend, balancieren sie ihren Fang auf dem Bauch und zertrümmern seine Schale mit einem Stein. Dafür benutzen sie sogar spezielle Steine, die sie in einem Hautsack unter ihren Achseln aufbewahren!

SOZIALE WESEN

Die meisten **Seeotter** verbringen ihr ganzes Leben im Wasser. Deshalb haben sie sich etwas besonders Schönes ausgedacht, um im Schlaf nicht abgetrieben zu werden: Viele von ihnen halten Händchen, während sie ein Nickerchen machen!

IM (UN)GLEICHGEWICHT

Weil es zu viele hungrige Seeigel gibt, die sie abnagen, sind Kelpwälder bedroht. Seeotter wurden wegen ihres Fells von Menschen gejagt, und nun gibt es nicht genug Otter, um die Zahl von Seeigeln zu kontrollieren. Inzwischen stehen Seeotter aber unter Artenschutz und vermehren sich allmählich wieder. Dadurch kommt die Natur wieder ins Gleichgewicht: Genügend Seeotter fressen ausreichend Seeigel, wodurch die Kelpwälder anderen Tieren ausreichend Schutz und Nahrung bieten können.

ACHTARMIGER RIESE

Soweit wir wissen, ist der Pazifische Riesenkrake der größte seiner Art. Er ist ziemlich schlau, versteckt sich gern in den Kelpwedeln und seine acht Arme können über zwei Meter lang werden!

Auch wenn Tang keine echte Pflanze, sondern eine Meeresalge ist, wandelt er dennoch mittels **Photosynthese** Sonnenlicht in Energie um – das hat er mit Pflanzen gemeinsam. Deshalb kann Tang in tieferen Gewässern nicht gedeihen und wächst nur auf dem **Festlandsockel**. Mehr darüber erfährst du bei unserem nächsten Zwischenstopp.

DER FESTLANDSOCKEL

Bis zu einer Entfernung von etwa 80 Kilometern von der Küste sind die Gewässer flach. Dieser Bereich ist der **Festlandsockel**. Dort ist das Wasser durchschnittlich 150 Meter tief. Der Meeresboden hier besteht meist aus Sand, Schlamm und Schlick. Er ist sehr nährstoffreich, und das Sonnenlicht dringt bis zu ihm durch – der ideale Lebensraum für Algen und Seetang. Tatsächlich wachsen alle Tange und Seegräser in diesem Bereich.

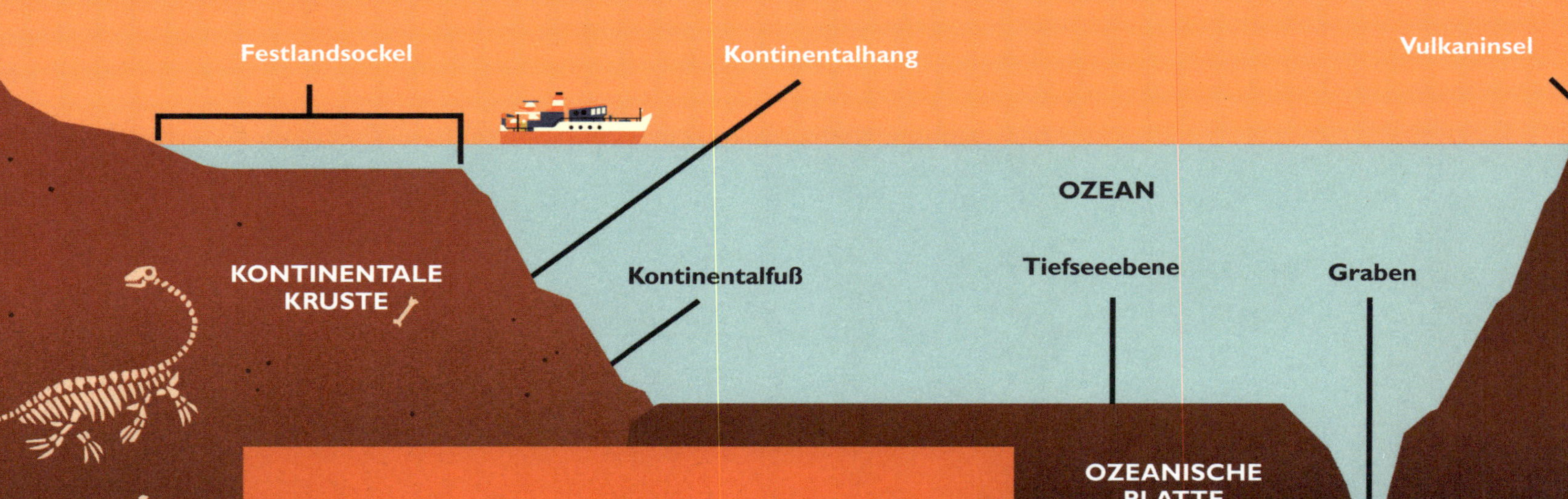

AM MEERESGRUND

Der Festlandsockel mit artenreichen Ökosystemen wie den Tangwäldern, Sandbänken und Felsenriffen nimmt etwa 8 Prozent des Meeresbodens ein. Trotzdem leben hier circa 90 Prozent aller Fische und Meerestiere, die auf unseren Tellern landen.

VERSTECKEN SPIELEN

Manche Fische vergraben sich im Sand, und wenn ihr Mittagessen vorbeigeschwommen kommt, schießen sie aus ihrem Versteck und schnappen zu!

HIMMELSGUCKER

FÄNGER IM SAND

Manche Fische gehen im schlammigen Sand auf Beutezug. Der **Seekuckuck** stochert mit seinen empfindlichen Flossenstacheln im Sand nach Beutetieren wie zum Beispiel zappelnden Würmern, die sich dort versteckt halten.

SEEKUCKUCK

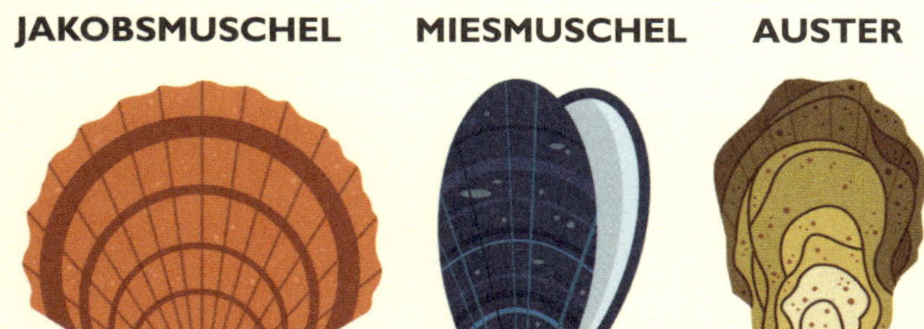

MUSKULÖSE MOLLUSKEN

Weichtiere (Mollusken) wie Venusmuscheln, Miesmuscheln, Jakobsmuscheln oder Austern haben harte Schalen, die sie zum Schutz ihrer weichen Innereien fest verschließen. Sie sind **Filtrierer,** das heißt, sie filtern kleinste Nahrungspartikel aus dem Wasser, indem sie es einsaugen und wieder ausstoßen.

GEPANZERTE KREBSTIERE

Krabben, Hummer und Garnelen zählen zu den **Krebstieren**. Sie besitzen ein Außenskelett, ein sogenanntes **Exoskelett**. Das heißt, ihr weiches Inneres wird von einem harten Panzer aus **Chitin** und Kalk geschützt. Die miteinander verbundenen Schalenteile funktionieren ähnlich wie bei einer Ritterrüstung.

LEBEN IN DER SCHALE

Muscheln gehören zu den Mollusken. Ihre Schale besteht aus zwei Klappen. Die meisten von ihnen bewegen sich ein Leben lang nicht vom Fleck. **Jakobsmuscheln** dagegen können umherspringen, indem sie mit ihren Schalen sehr schnell auf- und zuschnappen. Außerdem haben sie an den Rändern ihrer Schalen kleine Augen, mit denen sie sehen können, wenn Gefahr droht.

ZITTERROCHEN

JAKOBSMUSCHEL

REIZENDE ROCHEN

Rochen sind breit und flach. Deshalb können sie den Meeresboden besonders gut durchkämmen. Wenn sie auf ihrer Suche nach Muscheln und Krabben fündig werden, knacken sie sie mit ihren scharfen Zähnen. **Zitterrochen** können mit ihren Schwänzen elektrische Schläge austeilen. Mit Stromstößen von bis zu 200 Volt töten sie kleine Fische. Mit der Spannung könnten sie auch einen Föhn antreiben!

Wir müssen aufpassen, wo wir langschippern. Nicht, dass wir auf ein Riff auflaufen und sinken, denn dann wäre unsere Reise beendet! Glücklicherweise ist die *Chibbley* mit einem Echolot ausgestattet, das uns verrät, wie tief das Wasser ist. Aber was haben wir denn da? Sieht aus wie ein **Schiffswrack**!

SCHIFFBRUCH

Ein gesunkenes Schiff kann alle möglichen Lebewesen beherbergen. Es gibt dort viele Schlupfwinkel, in denen sich Beutetiere vor Räubern verstecken können. Außerdem ist so ein Wrack ein prima Ort für Seepocken und Korallen, um sich niederzulassen.

WILLKOMMENER LEBENSRAUM

Manchmal werden Schiffe absichtlich versenkt, um neuen **Lebensraum** für Meeresbewohner zu schaffen. Dieses Vorgehen nennt man **Selbstversenkung**. Diese Schiffe bieten Wissenschaftlern und Wissenschaftlerinnen die ideale Gelegenheit zu erforschen, wie sich das Leben in den Meeren entwickelt. Auch zum Tauchen ist es der perfekte Ort.

Seepocken sind fast überall im Meer zu finden. Sie heften sich an Felsen, Schiffe – und sogar an andere Tiere wie Wale!

SEE-ANEMONE

KORALLE

SCHWAMM

Seetang ist die gängige Bezeichnung für viele Arten von pflanzenartigen Organismen, die im Meer leben. Er ist reich an Vitaminen und Mineralien.

MEERAAL

HERING

Seesterne haben viele Arme und in der Mitte einen Mund, sie existieren in vielen Formen und Größen.

SCHNECKEN – MIT UND OHNE HAUS

Meeresnacktschnecken und Gehäuseschnecken sind Weichtiere, die **Gastropoden** genannt werden. Das bedeutet »Bauchfüßler«. Anders als Muscheln nutzen sie diesen Fuß zur Fortbewegung. Manche von ihnen sind Pflanzenfresser, andere hingegen (wie etwa die Kegelschnecke) erlegen mit ihrem Gift Tiere, um sie zu fressen. Die Schneckenhäuser haben unterschiedlichste Formen, sind aber alle sehr beeindruckend. Gute Beispiele sind **Venuskammschnecke, Blasenschnecke** und **Kegelschnecke,** die alle in tropischen Gewässern zu Hause sind.

KÖNIGS-KRABBE

VENUSKAMM-SCHNECKE

BLASEN-SCHNECKE

KEGEL-SCHNECKE

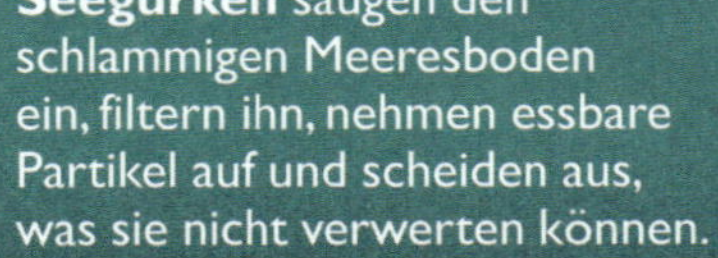

Seegurken saugen den schlammigen Meeresboden ein, filtern ihn, nehmen essbare Partikel auf und scheiden aus, was sie nicht verwerten können.

Aber Vorsicht beim absichtlichen Versenken! Viele Schiffe sind mit der für Meeresbewohner schädlichen Farbe TBT angestrichen. TBT ist so giftig, dass es inzwischen verboten wurde. Das zeigt uns: Wir sollten gut überlegen, was wir da im Meer versenken.

SEESKORPION

ROTBARSCH

LENGDORSCH

RÖHRENWURM

SCHLANGENSTERN

HUMMER

WEISSER HAI

RÄUBER DER MEERE

All diese Meerestiere ziehen hungrige Räuber magisch an. **Seewölfe, Lengdorsche** und verschiedene Haiarten besuchen Schiffswracks gerne für einen schnellen Snack.

SEEWOLF

DORNHAI

FARBENFROHE VETTERN

An Land lebende Nacktschnecken sind schleimig und braun. **Meeresnacktschnecken** hingegen haben skurrile Formen und leuchten in schillernden Farben. Die sollen möglichen Angreifern signalisieren: Achtung, ich bin **giftig**! Manche Meeresnacktschnecken fressen Seeanemonen, weil deren Nesselzellen ihnen nichts anhaben können. Mehr noch, sie können die Nesselzellen schlucken und zur eigenen Verteidigung einsetzen!

Boah! Der Hai sieht gruselig aus!

MEERESNACKTSCHNECKEN

Ja! Aber obwohl Haie ziemlich Furcht einflößend wirken, ist dieser hier, wie die meisten Haie, für uns keine Bedrohung.

HAIE

Es gibt viele Arten von Haien. Manche sind Furcht einflößende Räuber, andere sanfte Riesen. Die Skelette von Haien bestehen nicht aus Knochen, sondern aus weicherem **Knorpel** – dem gleichen Gewebe, aus dem auch deine Ohren bestehen. Am berühmtesten von allen ist der Weiße Hai. Dieser berüchtigte Jäger kann über sechs Meter lang werden. Das ist ungefähr so lang wie eine Giraffe hoch ist.

HAUT

Im Gegensatz zu anderen Fischen haben Haie keine Schuppen, sondern ihre Haut ist mit kleinen Zähnchen besetzt. So können sie sich bei der Jagd noch schneller durchs Wasser bewegen.

KIEMEN

Anders als einige andere Haiarten muss der Weiße Hai ständig in Bewegung bleiben, um atmen zu können. Er schwimmt mit offenem Maul, damit Wasser seine Kiemen durchströmt und er den Sauerstoff daraus aufnehmen kann. Würde er aufhören zu schwimmen, würde er ersticken.

WEISSER HAI

ELEKTRISCHER SINN

Haie haben rund um Kopf und Schnauze Organe, mit denen sie elektrische Schwingungen wahrnehmen können. Wenn andere Meerestiere sich bewegen, senden ihre Gehirne Signale an ihre Muskeln, wobei winzige elektrische Impulse ausgelöst werden. Auch wenn diese Impulse sehr schwach sind, nehmen Haie sie dennoch wahr, da sie 10000 Mal empfindlicher auf sie reagieren als jedes andere Tier auf der Erde.

FLOSSEN

Der Weiße Hai ist ein schneller Jäger. Mithilfe seiner kräftigen Schwanzflosse wird er bis zu 40 Stundenkilometer schnell. Das ist fast fünf Mal so schnell wie das Durchschnittstempo eines olympischen Schwimmers.

AUGEN

Haie können sehr gut sehen und potenzielle Beutetiere sogar in trübem Wasser aufspüren. Tatsächlich sehen Weiße Haie bei schummrigem Licht zehn Mal besser als Menschen.

SCHNAUZE

Der Weiße Hai verfügt über einen unglaublich feinen Geruchssinn: Er kann seine Beute aus einem halben Kilometer Entfernung wittern.

ZÄHNE

Weiße Haie haben bis zu 50 messerscharfe Zähne im Maul, die immer wieder durch neue ersetzt werden. In einem Hai-Leben kommen so locker 30 000 Zähne zusammen.

GIGANT DER VORZEIT

Der größte Hai, der jemals gelebt hat, ist der **Megalodon**. Mit seinen 20 Metern Länge war er mehr als drei Mal so lang wie ein **Weißer Hai** und ein wenig länger als eine Bowling-Bahn! Er hat die Weltmeere bis vor 2,6 Millionen Jahren unsicher gemacht, seine Beute aber bestand aus ganz ähnlichen Tieren, wie sie noch heute im Meer leben.

KLEINE HAI-KUNDE

Es gibt unzählige Haiarten in unterschiedlichen Formen. Jede von ihnen hat spezielle Eigenschaften entwickelt, um in ihrem jeweiligen Lebensraum besser überleben zu können.

Der **Sägehai** hat eine längliche, sägeblattartige Schnauze, mit der er Beutetiere wie Tintenfische, Krebstiere und kleine Fische erlegt.

Der **Große Hammerhai** sieht mit seinen seitlich am flachen Kopf sitzenden Augen ein wenig wie ein Alien aus. Aber mit diesen Augen hat er eine hervorragende Rundumsicht.

Der **Kragenhai** ist lang und dünn und wird auch gern als lebendes Fossil bezeichnet, weil er sich in den 80 Millionen Jahren, die er in den Meeren dieser Erde lebt, kaum verändert hat.

Der **Koboldhai** sieht wirklich furchterregend aus. Beim Zuschnappen schnellt seine lang gezogene Schnauze mit den Kiefern hervor.

FESCHE FLOSSEN

Es gibt mehr als 27000 bekannte Fischarten, und ganz sicher existieren viele weitere, die wir noch nicht entdeckt haben. Alle Fische haben gemeinsam, dass sie im Wasser leben und zur Fortbewegung ihre Flossen nutzen. Sie sind **Wirbeltiere,** das heißt, sie haben wie wir Menschen eine Wirbelsäule. Aber anders als Menschen atmen sie, indem sie Wasser ihre Kiemen durchströmen lassen und den gelösten Sauerstoff aus dem Wasser aufnehmen.

DIE WUNDERBARE WELT DER FISCHE

Fische gibt es in allen Größen und Formen. Sie haben sich ihrem jeweiligen Lebensraum perfekt angepasst.

Walhaie sind die größten Fische der Welt. Sie werden bis zu 20 Meter lang und wiegen dann so viel wie ein Bus! Wie Blauwale auch sind sie Filtrierer.

TATSÄCHLICHE GRÖSSE

Der **Stout Infantfish** ist mit nur 8 Millimetern Länge der kleinste uns bekannte Fisch. Er ist in Korallenriffen zu Hause.

Manche Fische können superschnell schwimmen, weil sie **stromlinienförmig** sind.

Der **Fächerfisch** ist der schnellste Fisch der Meere. Er schafft bis zu 40 Stundenkilometer.

Mit ihrer einmaligen Körperform und den zu Flügeln umgewandelten Brustflossen können **Fliegende Fische** so viel Geschwindigkeit aufnehmen, dass sie aus dem Wasser herausschießen und durch die Luft gleiten.

Andere Fische verbringen den größten Teil ihres Lebens dicht am Meeresgrund und haben daher eine ganz flache Körperform entwickelt. Sie lauern regungslos einem vorbeischwimmenden Beutetier auf, schnellen dann urplötzlich hervor und packen zu.

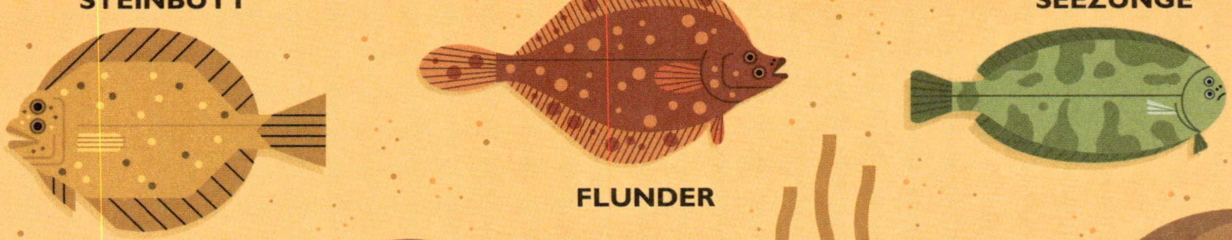

STEINBUTT

FLUNDER

SEEZUNGE

Fische können unter Wasser hervorragend sehen, weil ihre Augen **Kugellinsen** haben. Viele Fische können sogar Farben erkennen wie Menschen!

Bei Fischen sitzen die **Ohren** im Inneren des Kopfes. Wie Tiere an Land nutzen sie ihr Innenohr, um das Gleichgewicht zu halten und aufrecht zu bleiben.

Dank ihrer **Schwimmblase** können Fische mühelos im Wasser schweben. Mit diesem gasgefüllten Organ steuern sie, wie tief sie im Wasser schwimmen. Dazu nehmen sie aus dem Blut Gas auf und geben es wieder ab. Manche schlucken das Gas über den Darm ein und rülpsen es auf diesem Weg auch wieder aus.

Fische haben einen exzellenten Geruchssinn. Mit ihren **Nasenöffnungen** nehmen sie im Wasser befindliche Chemikalien wahr, die ihnen helfen, sich zu orientieren, Nahrung zu finden und möglichen Räubern aus dem Weg zu gehen.

Rückenflosse

Rückenflosse

Kiemen

Brustflosse

Schwanzflosse

Afterflosse

Bauchflosse

ZWEIFLECKIGER ROTER SCHNAPPER

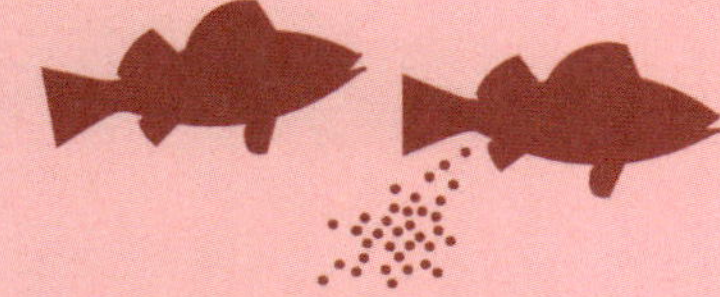

Viele Fische pflanzen sich in Schwärmen fort. Sie setzen ihren Laich gemeinsam im Wasser ab und machen sich auf und davon, wie etwa der **Zweifleckige Rote Schnapper**. Andere Fische wie der **Segelflosser** (Skalar) bleiben ihren Partnern ein Leben lang treu.

Fische nehmen ihre Umgebung wahr, indem ihre empfindlichen Haarzellen Schwingungen aufnehmen. Das sogenannte **Seitenlinienorgan** ermöglicht es ihnen, in großen Schwärmen zu schwimmen, ohne ständig aneinanderzugeraten.

Um mit den Anforderungen des Lebens im Meer besser klarzukommen, haben einige Fischarten sehr spezielle Körperformen entwickelt.

Seepferdchen sind ebenfalls Fische – auch wenn sie gar nicht so aussehen! Ihre Schwänze sind superkräftig, und mit ihren rüsselartigen Schnauzen können sie unbemerkt Beute schnappen. Außerdem sind sie die einzigen uns bekannten Tiere, bei denen die Männchen schwanger werden und den Nachwuchs gebären.

Bei dieser enormen Artenvielfalt ist es logisch, dass manche Fische unglaublich schön sind, wie etwa der **Mandarinfisch,** …

Mondfische nehmen über ihren großen, flachen Körper Wärme auf, bevor sie in tiefere, kühlere Wasserschichten abtauchen.

… während andere nicht ganz so ansehnlich sind. Wie zum Beispiel der **Blobfisch,** der sich in schmierigen Matsch verwandelt, sobald er aus dem Wasser gefischt wird.

KORALLENRIFFE

Wow, sieh dir das an! Endlich sind wir bei den Korallenriffen angelangt. Diese Riffe sind die Dschungel der Meere – dicht bewachsene und von allen möglichen Lebewesen bevölkerte Lebensräume. In anderen Meeresbereichen bildet Plankton die Lebensgrundlage für die Meeresbewohner. In den Riffen sind es die Korallen, die anderen Tieren Nahrung und ein Zuhause bieten. Sie fressen aber auch Plankton.

KORALLENAST

Polyp

Loch für den Polypen

SCHAUBILD EINES POLYPEN

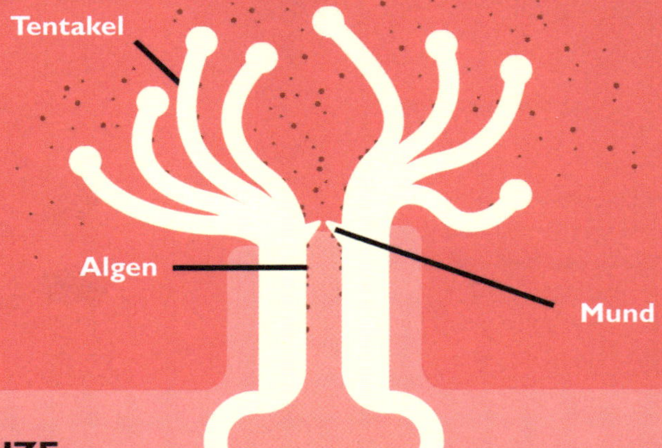

FORMIDABEL

Korallen sind oft seltsam geformt. Das liegt daran, dass Polypen Mineralien aus dem Wasser um sich herum aufnehmen. Aus den **Mineralien** bilden sie eine harte Hülle, die ihre weichen Körper stützt, ein bisschen wie ein Skelett.

PFLANZE ODER TIER?

Auch wenn Korallen ähnlich aussehen wie Pflanzen oder sogar wie Steine, sind sie doch Tiere! Denn im Gegensatz zu Pflanzen erzeugen sie ihre Nahrung nicht selbst. Korallen bestehen aus Tausenden winzigen Tieren, den **Polypen**. Um ihre Münder herum haben Polypen ringförmig angeordnete Tentakel, mit denen sie ihre Nahrung einfangen. In tropischen Korallenriffen leben in ihrem Inneren farbenfrohe Algen, die ihre Energie aus dem Sonnenlicht beziehen und die Korallen wachsen und gedeihen lassen.

UNTERWASSER-SCHWÄMME

Schwämme im Meer haben mit denen in deiner Küche nicht viel gemeinsam. Diese Schwämme sind Lebewesen und Teil der Riffstruktur. Sie haben keine Organe und keine Gewebe wie wir, sondern ein mit Zellen bedecktes Skelett. Genau wie Korallen können sich Schwämme nicht bewegen. Ihre Nahrung sind Teilchen, die im Wasser schwimmen. Diese leiten sie über kleine Löcher, die **Poren** genannt werden, in ihre Körper.

WUSSTEST DU SCHON?

Die Skelette mancher Schwämme sind aus demselben Material wie Glas!

IM EINKLANG

Algen und Korallen sind unterschiedliche Organismen, aber sie leben in perfekter Harmonie miteinander. Algen finden in den Korallen einen sicheren Lebensraum, die Korallen erhalten Nahrung, die sie zum Wachsen brauchen. So etwas nennt man eine **symbiotische Beziehung**. Bis zu 90 Prozent der Energie in Korallenriffen wird von der Lebensgemeinschaft aus Korallen und Algen produziert.

WUSSTEST DU SCHON?

Kaltwasserkorallenriffe können sogar in kühleren Gewässern gedeihen, wo es mehr Plankton gibt. Das bedeutet, dass sie auch tiefer unter dem Meeresspiegel, also mit weniger Sonnenlicht leben können – eben weil sie dann Plankton fressen.

PROBLEMZONE

Um Fische und andere Meerestiere vom Grund zu fangen, nutzen manche Fischerboote **Grundschleppnetze**. Das heißt, sie werfen ein mit Gewichten beschwertes Netz aus und ziehen es über den Meeresboden. Das ist äußerst schädlich, weil sie dadurch am Meeresboden wachsenden Seetang und Korallen zerstören und eine Unterwasser-Wüste hinterlassen, in der lange Zeit nichts wächst.

DAS GREAT BARRIER REEF

So, jetzt befinden wir uns am Great Barrier Reef. Auf der ganzen Welt gibt es kein größeres Gebilde, das ganz aus Lebewesen besteht! Es setzt sich aus 2900 einzelnen Riffen und 900 Inseln zusammen, die sich über sage und schreibe 2300 Kilometer entlang der Küste von Queensland in Australien erstrecken.

KLEINE RIFF-GESCHICHTE

Das Barrier Reef ist zwischen 6000 und 8000 Jahre alt. Aber Riffe wachsen schon seit ungefähr einer halben Million Jahre entlang des australischen Kontinentalschelfs.

ROTFEUERFISCH

FALTERFISCH

MURÄNE

Das Alter mancher Korallenformationen wird auf über 4000 Jahre geschätzt.

KUGELFISCH

TIERISCHE ANZIEHUNGSKRAFT

Das Barrier Reef ist ein unglaublich geschäftiger Ort. Über 3000 Weichtierarten, 1500 Fischarten, 200 Schwammarten und 30 Arten von Walen und Delfinen finden in ihm Zuflucht und Nahrung. Alle diese Tiere haben sich hier auf ihre ganz eigene Weise gut eingerichtet.

FLINKE FALTER

Viele Fische, wie zum Beispiel die **Falterfische,** haben ganz flache Körper entwickelt. So können sie sich blitzschnell in den Korallen verstecken, wenn ein Räuber naht.

RIFF-TOURISMUS

Jahr für Jahr besuchen rund zwei Millionen Menschen das Great Barrier Reef. Der **Tourismus** ist ein lukratives Geschäft, das Arbeitsplätze schafft und viel Geld in Australiens Kassen spült. Der Tourismus kann dem Riff aber auch schaden: Manche Sonnencremes enthalten zum Beispiel Chemikalien, die Korallen schädigen. Laute Schiffe und die Fischerei beeinträchtigen ebenfalls die Tierwelt.

KORALLENBLEICHE

Korallenpolypen reagieren sehr empfindlich auf die Wassertemperatur. Wird es zu warm, stoßen sie ihre bunten Algen aus und sehen dann ganz **ausgeblichen** aus. Das ist ein sicheres Zeichen dafür, dass die Koralle nicht gesund ist und bald absterben könnte. Da die Wassertemperaturen aufgrund des Klimawandels stetig steigen, passiert das im Great Barrier Reef immer öfter.

KUNG-FU-KRABBE

Der **Bunte Fangschreckenkrebs** tötet seine Beute mit dem schnellsten Schlag im Tierreich. Wenn er mit bis zu 80 Stundenkilometern zuhaut, wird so viel Energie frei, dass das Wasser um die Keule herum zu kochen beginnt.

IN DER REINIGUNG

Man könnte denken, dass diese **Putzerlippfische** gerade von dem Zackenbarsch verputzt werden. Mitnichten! In Wirklichkeit helfen sie ihm, indem sie blutsaugende Parasiten fressen, die in seinem Maul hausen. Die Putzerlippfische bekommen so eine leckere Mahlzeit und der Zackenbarsch perlweiße Zähne.

ANEMONEN-FESTUNG

Seeanemonen haben Nesselzellen in ihren Tentakeln, mit denen sie Futtertiere erbeuten, die sich in ihre giftigen Tentakel verirren. Nur ein Fisch hat die Fähigkeit entwickelt, in der Anemonen-Festung zu überleben: Der **Echte Clownfisch** schmiert sich Schleim der Anemone auf seine Haut und macht sie dadurch gegen das Gift der Nesselzellen immun. So kann er sich in den giftigen Tentakeln der Anemone vor Räubern verstecken.

In diesen Riffen sind Tausende von außergewöhnlichen Wesen zu Hause. Je näher du hinsiehst, desto mehr wirst du entdecken.

ALIENS DER TIEFE

Kraken, Kalmare und Tintenfische gehören alle zur gleichen Familie der Weichtiere, den **Kopffüßlern**. Diese beeindruckenden Kreaturen sind bekannt für ihre enorme Intelligenz und speziellen Fähigkeiten. Ihre nächsten Verwandten sind Schalentiere wie Napfschnecken und Venusmuscheln. Im Laufe von vielen Millionen Jahren haben Kraken aber ihre Schale abgelegt. Einzig ihre kräftigen Schnäbel sind noch hart und erinnern an ihre Vorfahren.

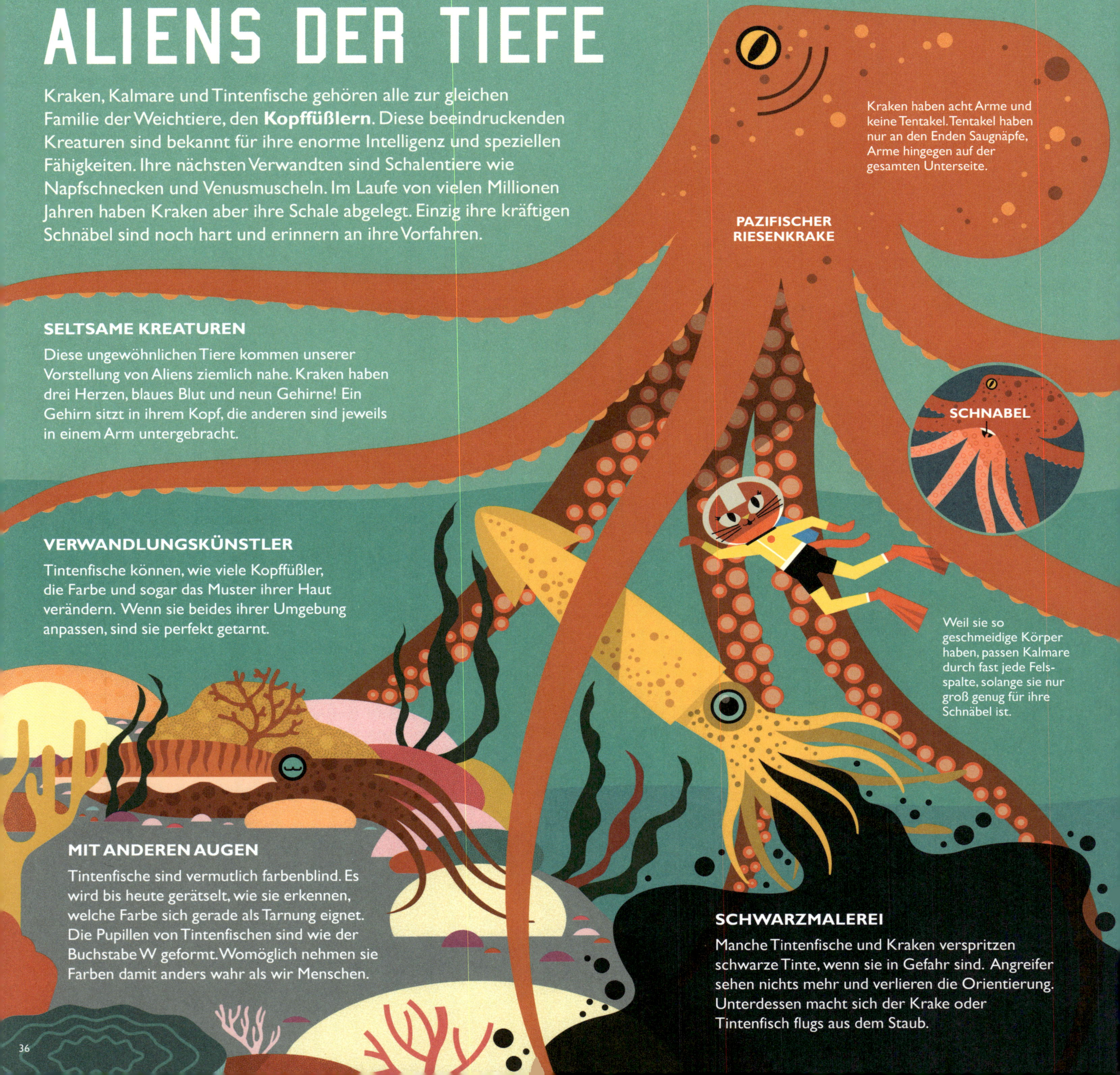

Kraken haben acht Arme und keine Tentakel. Tentakel haben nur an den Enden Saugnäpfe, Arme hingegen auf der gesamten Unterseite.

PAZIFISCHER RIESENKRAKE

SCHNABEL

SELTSAME KREATUREN

Diese ungewöhnlichen Tiere kommen unserer Vorstellung von Aliens ziemlich nahe. Kraken haben drei Herzen, blaues Blut und neun Gehirne! Ein Gehirn sitzt in ihrem Kopf, die anderen sind jeweils in einem Arm untergebracht.

VERWANDLUNGSKÜNSTLER

Tintenfische können, wie viele Kopffüßler, die Farbe und sogar das Muster ihrer Haut verändern. Wenn sie beides ihrer Umgebung anpassen, sind sie perfekt getarnt.

Weil sie so geschmeidige Körper haben, passen Kalmare durch fast jede Felsspalte, solange sie nur groß genug für ihre Schnäbel ist.

MIT ANDEREN AUGEN

Tintenfische sind vermutlich farbenblind. Es wird bis heute gerätselt, wie sie erkennen, welche Farbe sich gerade als Tarnung eignet. Die Pupillen von Tintenfischen sind wie der Buchstabe W geformt. Womöglich nehmen sie Farben damit anders wahr als wir Menschen.

SCHWARZMALEREI

Manche Tintenfische und Kraken verspritzen schwarze Tinte, wenn sie in Gefahr sind. Angreifer sehen nichts mehr und verlieren die Orientierung. Unterdessen macht sich der Krake oder Tintenfisch flugs aus dem Staub.

TOLLE TENTAKEL

Anders als Kraken haben Kalmare und Tintenfische sowohl Tentakel als auch Arme. Es gibt viele Meerestiere mit Tentakeln. Einige Quallenarten haben sogar giftige Tentakel, mit denen sie ihre Beute lähmen. Dann saugen sie ihren Fang in ihre Schwimmglocke ein und verspeisen sie. Manche Quallen bewegen sich mit pulsierenden Bewegungen voran, andere lassen sich mit der Strömung treiben.

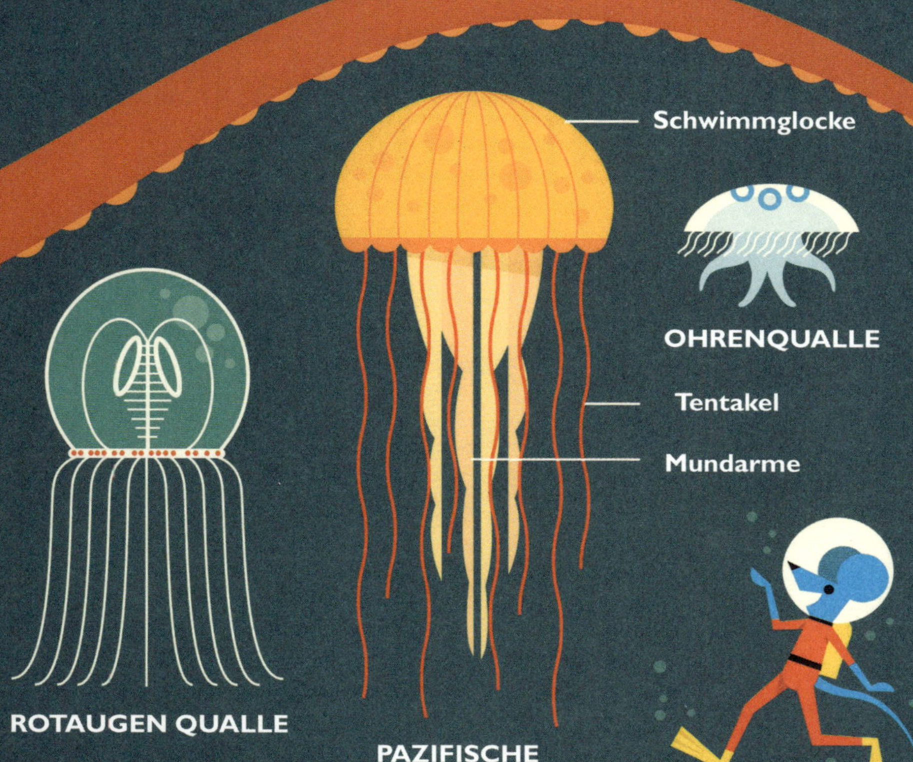

KOPFLOSE QUALLEN

Quallen sind in den Ozeanen mit am weitesten verbreitet, sie zählen jedoch nicht zu den Fischen, weil sie weder Gehirn noch Herz und auch keinen Blutkreislauf besitzen. Da sie zudem keine Wirbelsäule haben, gehören sie zur Gruppe der **Wirbellosen** und sind nahe mit Seeanemonen und Korallenpolypen verwandt.

Die größte Qualle ist die **Gelbe Haarqualle**. Sie kann einen Durchmesser von bis zu 2,4 Metern erreichen, und ihre Tentakel werden bis zu 36,5 Meter lang. Das ist länger als ein Blauwal!

ANDERS ALS DIE ANDEREN

Anders als andere Kopffüßler haben **Perlboote,** auch als Nautilus bekannt, bis zu 90 Tentakel, an denen aber keine Saugnäpfe sitzen. Perlboote geben uns einen kleinen Einblick in die Entwicklungsgeschichte der Kopffüßler, denn sie existieren bereits seit 500 Millionen Jahren. Dinosaurier sind erst 250 Millionen Jahre nach ihnen aufgetaucht.

AUF OFFENER SEE

Wir haben uns weit vom Festlandsockel entfernt und befinden uns jetzt auf offener See. Das Meer ist hier sehr tief, es gibt also weder Tang noch Korallen, in denen Tiere sich verstecken könnten. Oh, schau mal da drüben! Unter der Wasseroberfläche ist ganz schön was los. Sieht aus wie ein Fressrausch!

FISCHSCHWÄRME

Viele Fischarten durchkreuzen die Meere in großen **Schwärmen**. In ihnen leben Tausende einzelne Tiere. In der Gruppe ist es einfacher für sie, Nahrung zu fangen, außerdem bietet die Gemeinschaft einen gewissen Schutz gegen Räuber. Allerdings zieht eine so große Ansammlung potenzieller Beute Fressfeinde auch an. Diese haben Taktiken entwickelt, um den Gruppenschutz zu umgehen und an ein köstliches Mahl zu kommen. Dieser Sardinenschwarm wird gerade von allen Seiten in die Zange genommen.

HERDENTRIEB

Im Alleingang können **Seelöwen** kleine Fische nur schwer fangen. Deshalb schließen sie sich zu Gruppen zusammen und treiben Fischschwärme an die Oberfläche. So sind die Fische leichter zu fangen.

SCHNELLE KÜCHE

Unter den Fischen gibt es besonders schnelle und treffsichere Jäger. Der **Thunfisch** ist ein unglaublicher Schwimmer, der mit bis zu 26 Stundenkilometern durchs Wasser schießt. Außerdem ist er sehr wendig und kann schnell die Schwimmrichtung ändern, um kleinere Beutetiere zu erwischen.

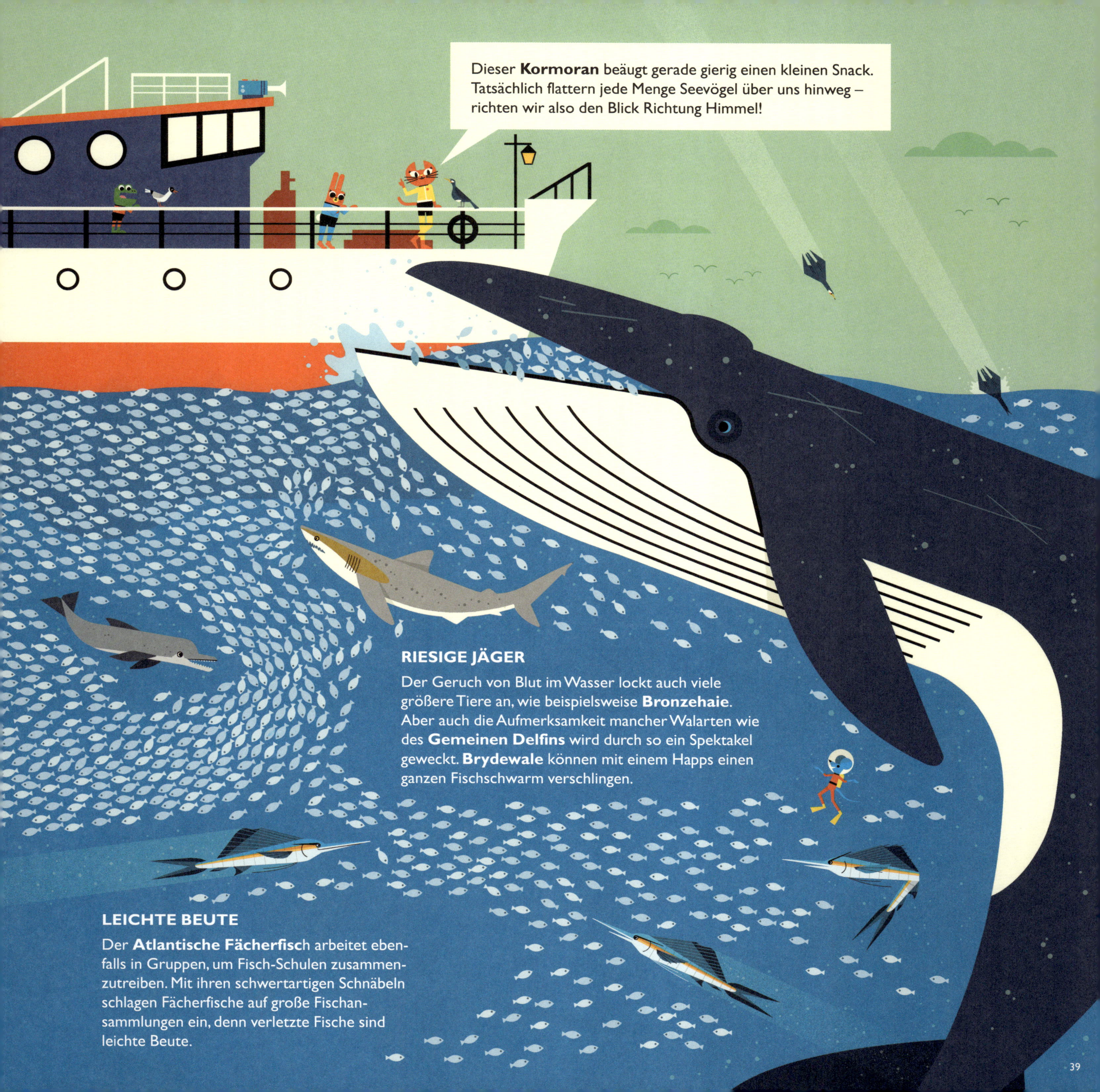

Dieser **Kormoran** beäugt gerade gierig einen kleinen Snack. Tatsächlich flattern jede Menge Seevögel über uns hinweg – richten wir also den Blick Richtung Himmel!

RIESIGE JÄGER

Der Geruch von Blut im Wasser lockt auch viele größere Tiere an, wie beispielsweise **Bronzehaie**. Aber auch die Aufmerksamkeit mancher Walarten wie des **Gemeinen Delfins** wird durch so ein Spektakel geweckt. **Brydewale** können mit einem Happs einen ganzen Fischschwarm verschlingen.

LEICHTE BEUTE

Der **Atlantische Fächerfisch** arbeitet ebenfalls in Gruppen, um Fisch-Schulen zusammenzutreiben. Mit ihren schwertartigen Schnäbeln schlagen Fächerfische auf große Fischansammlungen ein, denn verletzte Fische sind leichte Beute.

SEEVÖGEL

Bevor wir uns in die Tiefen wagen, blicken wir nach oben, um uns einige der erstaunlichen Seevögel anzuschauen. Viele von ihnen tauchen ins Wasser ein, wenn sie dort ein leckeres Mal vermuten. Mit seinem reichhaltigen Nahrungsangebot zieht das Meer viele Vogelarten an, die jeweils schlaue Fangstrategien entwickelt haben.

GROSSE SPANNWEITE

Der **Wanderalbatros** hält den Weltrekord für die größte Flügelspannweite – unglaubliche 2,5 bis 3,5 Meter. Dadurch kann er sehr gut lange Strecken zurücklegen – 120000 Kilometer im Jahr sind für ihn ein Klacks.

MITTAGESSEN UNTERWEGS

Auf der Suche nach Fisch fliegen **Kormorane** dicht über der Wasseroberfläche. Werden sie fündig, tauchen sie ab. Für den Antrieb im Wasser sorgen ihre Füße mit Schwimmhäuten. Denn anders als Vögel, die auf dem Land leben, haben Seevögel Füße mit Schwimmhäuten, mit denen sie sich im Wasser wie mit Flossen fortbewegen. Kormorane können mindestens 40 Meter tief tauchen und den Atem 70 Sekunden und länger anhalten.

KORMORAN

WANDER-
ALBATROS

GROSSE KLAPPE

Der **Pelikan** hat einen dehnbaren Kehlsack in seinem Schnabel. Um leckeren Fisch zu fangen, schöpft er einen großen Schluck Wasser von der Oberfläche. Bevor er seine Beute schluckt, drückt er das Wasser wieder aus dem Schnabel. Pelikane fressen alles, was durch ihre Hälse passt, also auch Schildkröten, Krebstiere, Insekten, Säugetiere und andere Vögel.

IMMER AUF REISEN

Warum legen manche Vögel riesige Strecken zurück? Sie sichern sich so zu allen Jahreszeiten die besten Wetterbedingungen, Brutplätze und Futterangebote. Die **Küstenseeschwalbe** ist so ein Vogel. Sie zieht weiter umher als jeder andere Vogel auf der Erde. Jedes Jahr fliegt sie einmal von der Arktis in die Antarktis und wieder zurück.

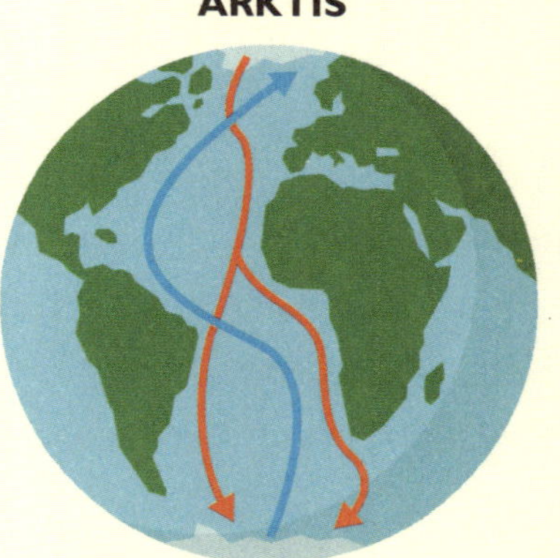

ZUM MITNEHMEN

Wenn Vögel sich Fische aus dem Meer holen, schlucken sie dabei in der Regel viel Salzwasser. Doch zu viel Salz ist für sie ungesund. Deshalb sitzen in ihren Schnäbeln spezielle Drüsen, die ihrem Blut das Salz entziehen und es aus ihren Nasenlöchern wieder herauspressen.

TROTTEL-
LUMME

GELBSCHOPFLUND

LIEFERSERVICE

Seevögel wie die **Trottellumme** benötigen festen Boden unter den Füßen, um Eier zu legen und ihre Jungen aufzuziehen. Sie müssen ihre Gelege und Küken auch vor Angreifern schützen, während sie auf Futtersuche sind. Manche nisten deshalb an Kliffen oder auf Inseln, wo es keine Fressfeinde gibt.

MÄCHTIGER JÄGER

Gelbschopflunde graben mit ihren Schnäbeln Nisthöhlen. Von einem Beutezug über dem Meer bringen sie gut und gerne 20 Fische auf einmal zurück.

ABTAUCHEN

Weit draußen auf dem offenen Meer ist das Wasser unglaublich tief. Um bis zum Meeresgrund zu gelangen, benötigst du eine ganz spezielle Ausrüstung. Je tiefer du tauchst, desto mehr steigt der Wasserdruck. Darum ist Tiefseetauchen eine ziemliche Herausforderung.

UNTER DRUCK

Druck ist eine Kraft, die von allen Seiten wirkt. Je tiefer du tauchst, desto mehr Wasser drückt auf dich, das heißt es steigt der Druck. Wenn du dich auf Höhe des Meeresspiegels befindest und noch außerhalb des Wassers bist, spürst du nur den Luftdruck. Der Druck verdoppelt sich, wenn du zehn Meter tief tauchst. Mit zunehmender Wassertiefe steigt er dann gleichmäßig weiter an.

WUSSTEST DU SCHON?

Die englische Abkürzung SCUBA steht für Self-Contained Underwater Breathing Apparatus.

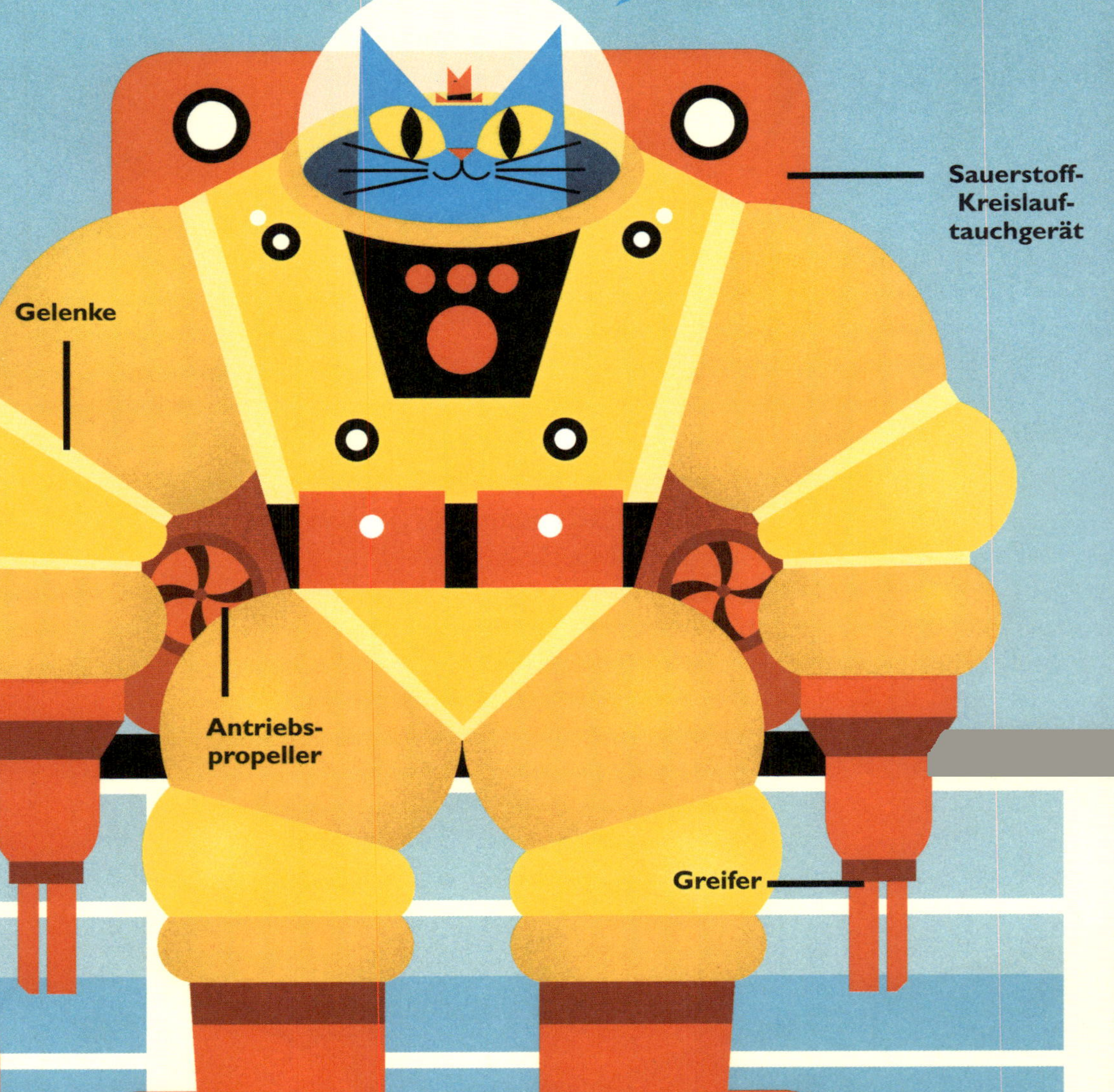

Der Sauerstoff aus **Druckgas-Sauerstoff-flaschen** reicht für Tauchgänge von bis zu einer Stunde.

DRUCKANZUG

Mit einer normalen Tauchausrüstung (auch SCUBA genannt) kannst du nur etwa 40 Meter tief tauchen. Für tiefere Tauchgänge bis 300 Meter benötigst du einen **Druckanzug**. So ein Druckanzug hat große Ähnlichkeit mit einem Raumanzug. In ihm bleibt der Druck beim Tauchgang stabil, und der Taucher oder die Taucherin wird nicht vom Wasserdruck zerquetscht.

TIEFSEETAUGLICHES TAUCHGERÄT

Tiefseetauchen ist wegen des hohen Drucks unglaublich gefährlich. Das kleinste Leck im Druckanzug hätte katastrophale Folgen. Um zu den tiefsten Stellen im Meer zu gelangen, benötigst du deshalb ein absolut tiefseetaugliches **Tauchboot,** also ein speziell dafür ausgerüstetes U-Boot. Bisher am tiefsten vorgedrungen ist das U-Boot *Limiting Factor* im Jahr 2019. Es ist bis zum Grund des Marianengrabens gelangt, dem tiefsten bekannten Punkt im Meer.

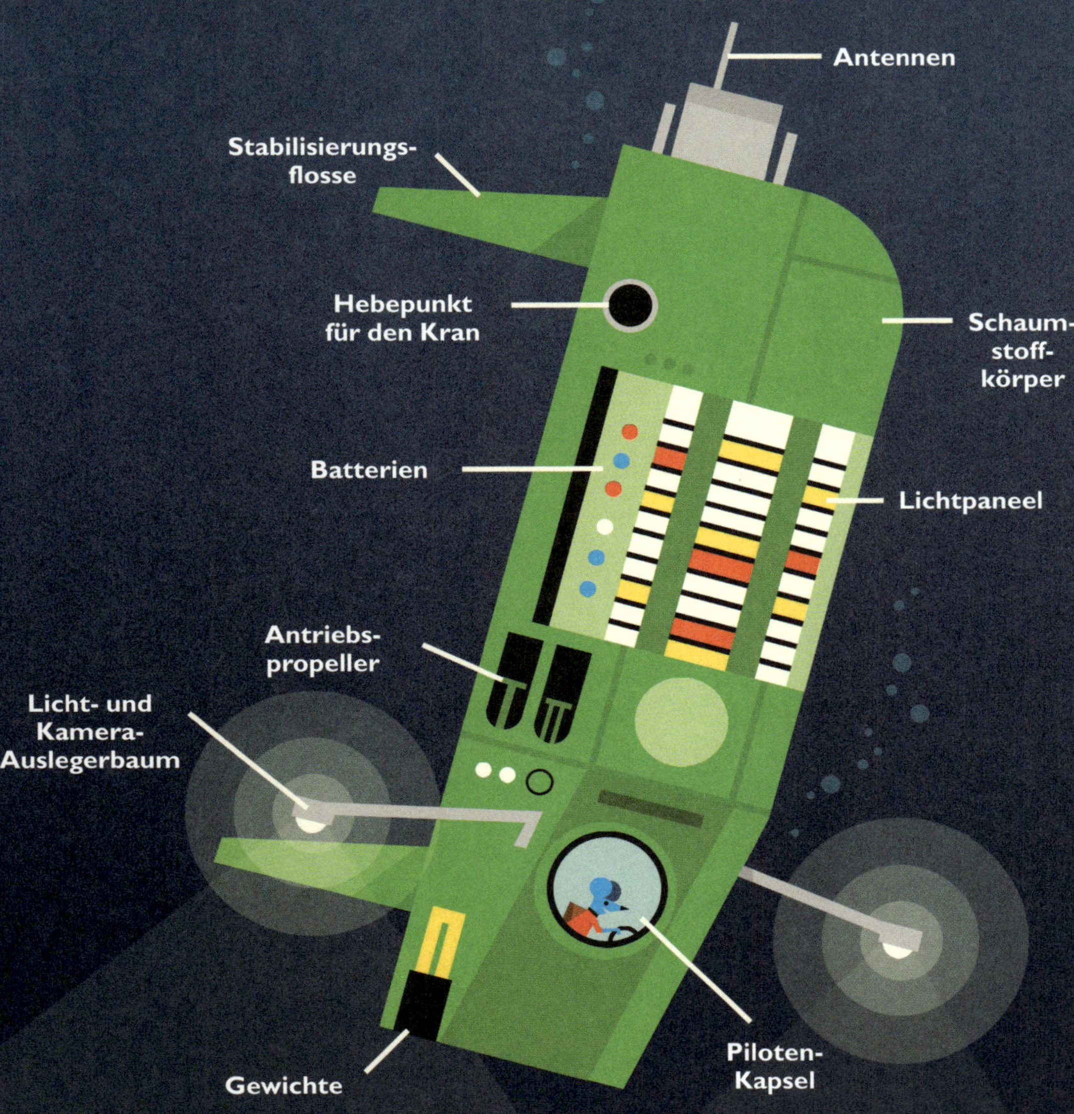

EXPEDITION IN DIE TIEFE

Unser gesamtes Wissen über den Meeresgrund in der Tiefsee verdanken wir Expeditionen mit Tiefsee-Tauchbooten. Jedes Mal, wenn sich jemand in die Tiefe wagt, werden bisher unbekannte Tiere entdeckt und neue Erkenntnisse über das Meer gewonnen. Das liegt daran, dass die Tiefsee bisher nur wenig erforscht ist.

FRÜHE TAUCHER-MODE

1715 – John Lethbridge erfand eine 1,8 Meter lange, **luftdichte Tonne** mit zwei Löchern für seine Arme. Damit konnte er 30 Minuten auf etwa 22 Meter Tiefe bleiben.

1819 – Der **Helmtauchanzug** bestand aus einem Kupfer- oder Messinghelm, einem Luftschlauch, der mit einer Luftpumpe an der Wasseroberfläche verbunden war, wasserfestem Segeltuch sowie an Oberkörper und Schuhen befestigten Gewichten.

1878 – Henry Fleuss baute den Vorläufer der heutigen **Tauchausrüstung,** mit Gummimaske, Atembeutel und Sauerstofftank aus Kupfer.

DELFINE UND WALE

Im Wasser werden Tiere von der Schwerkraft nicht so stark beeinflusst wie an Land. Deshalb können Meerestiere unvorstellbar groß werden. Lass uns einen Blick unter die Wasseroberfläche riskieren. Wenn du dich umsiehst, wirkt alles ruhig und leer, aber hier unter den Wellen tummeln sich Lebewesen, die größer sind als ein Linienbus.

ERSTE LIGA

Delfine und Wale nehmen unter den Meeresräubern die ersten Plätze ein, es gibt also nicht viele Lebewesen, die sie jagen und fressen. Sie gehören zur Ordnung der **Wale** und sind **Säugetiere**. Anders als Fische haben Meeressäuger warmes Blut, füttern ihre Jungen mit Milch und brauchen Luft zum Atmen. Alle Meeressäuger haben sich vermutlich vor etwa 50 Millionen Jahren aus landlebenden Säugetieren entwickelt – Wale zum Beispiel aus demselben Tier, von dem auch Nilpferde abstammen!

MEERESGIGANTEN

Blauwale sind die größten Tiere, die es jemals auf der Erde gegeben hat. Sie sind ungefähr 30 Meter lang, also drei Mal so lang wie ein Linienbus. Allein ihre Zungen können so viel wiegen wie ein Elefant, und ihre Gesänge sind über Tausende von Kilometern zu hören.

ZÄHNE ODER BARTEN?

Es gibt zwei Unterordnungen von Walen, die **Zahnwale** und die **Bartenwale**. Delfine und Pottwale haben Zähne und sind folglich Zahnwale. Bartenwale, wie der Blauwal, haben keine Zähne, sondern im Oberkiefer Barten. Das sind kammartige Hornplatten, mit denen sie kleine Tiere wie Krill aus dem Wasser filtern.

BARTENWAL

AUF UND AB

Während Fische ihre Flossen von rechts nach links bewegen, beugen Wale ihre Wirbelsäulen rauf und runter und pflügen so mit ihrem Schwanz durchs Wasser.

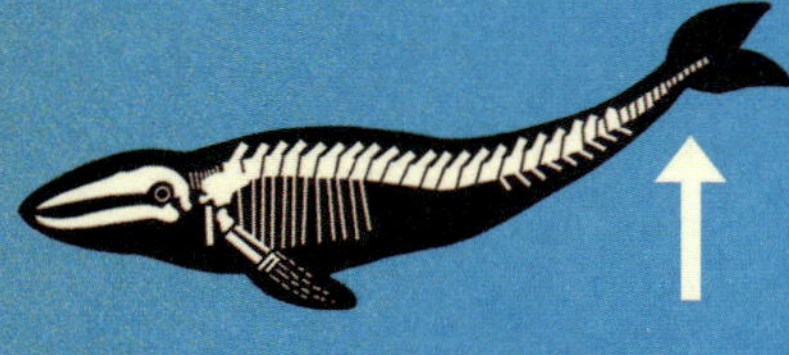

KLICK-KLACK, KLIPP-KLAPP

Noch hat die Wissenschaft keine endgültige Erklärung dafür, was die Walgesänge bedeuten. Ziemlich sicher kommunizieren Zahnwale und Delfine durch ihr rhythmisches Klicken mit ihrer Schule und benutzen es als Biosonar, also als **Echoortung**. Das funktioniert, indem die Schallwellen ihrer Klicklaute von ihrer Umgebung zurückgeworfen werden. So erkennen sie, was sich um sie herum befindet.

WAL-WORTGEFECHTE

Diese großen und intelligenten Wesen sind auch sehr sozial und leben in **Schulen**. Sie verständigen sich mit unterschiedlichen Lauten und über Körpersprache. Manche Delfine benutzen sogar einzigartige Pfeiftöne, die eine ähnliche Funktion wie Namen haben könnten.

SCHLAUE JÄGER

Auch beim Jagen beweisen Wale ihre Intelligenz. Sie wenden viele clevere Strategien an, um Beute zu machen.

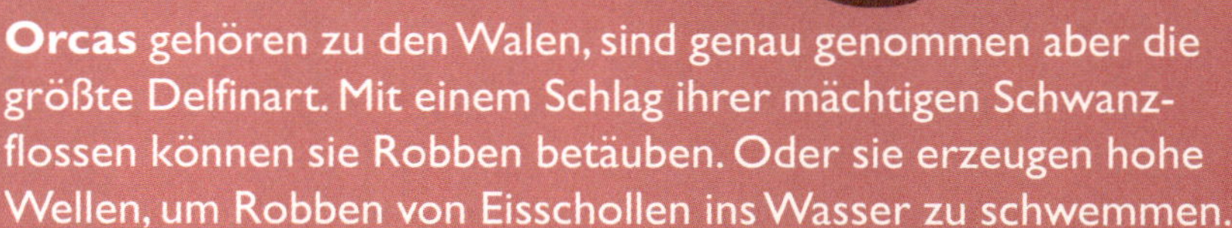

Orcas gehören zu den Walen, sind genau genommen aber die größte Delfinart. Mit einem Schlag ihrer mächtigen Schwanzflossen können sie Robben betäuben. Oder sie erzeugen hohe Wellen, um Robben von Eisschollen ins Wasser zu schwemmen.

Delfine benutzen eine ähnliche Fangtechnik wie Orcas. Mit ihren Schwänzen wirbeln sie in seichtem Wasser Schlamm auf, in dem ahnungslose Fische eingeschlossen werden. Dann stellen sich die Delfine in Reih und Glied auf, um sie zu fangen.

Buckelwale schwimmen unterhalb einer Fischschule und lassen spiralförmig Luftblasen aufsteigen. Mit diesem »Blasen-Netz« fangen sie die Fische ein. Jetzt kommen die Buckelwale von unten heraufgeschossen und gönnen sich ein großes Maul voll Fisch.

KLEINE KREATUREN

Die Riesen der Ozeane kennen wir nun. Zeit, die winzigen Wunderwerke der Meere zu bestaunen. Ohne sie würde das meiste Leben in den Meeren nämlich gar nicht existieren. Viele dieser Lebewesen sind so klein, dass du sie mit bloßem Auge gar nicht sehen kannst. Also betrachten wir sie durch eines von Felicitys Spezialmikroskopen.

MIKROSKOPISCHES LEBEN

»Phyto« bedeutet so viel wie Pflanze oder pflanzlich, und »plankton« bedeutet schwebend. **Phytoplankton** setzt sich also im Grunde aus winzigen, dahintreibenden Algen zusammen. Manches Phytoplankton besteht auch aus Bakterien, den **Cyanobakterien**. Sie leben dicht unter der Wasseroberfläche, wo sie genügend Sonne abbekommen, um Photosynthese zu betreiben.

PHYTOPLANKTON

In den Meeren basiert alles Leben auf winzigsten Algen, dem **Phytoplankton**. Diese Organismen wachsen, indem sie mittels Photosynthese Sonnenlicht in Energie umwandeln. Dabei entsteht als Nebenprodukt Sauerstoff. 50 Prozent oder mehr des Sauerstoffs in der Erdatmosphäre wird von diesen Winzlingen produziert.

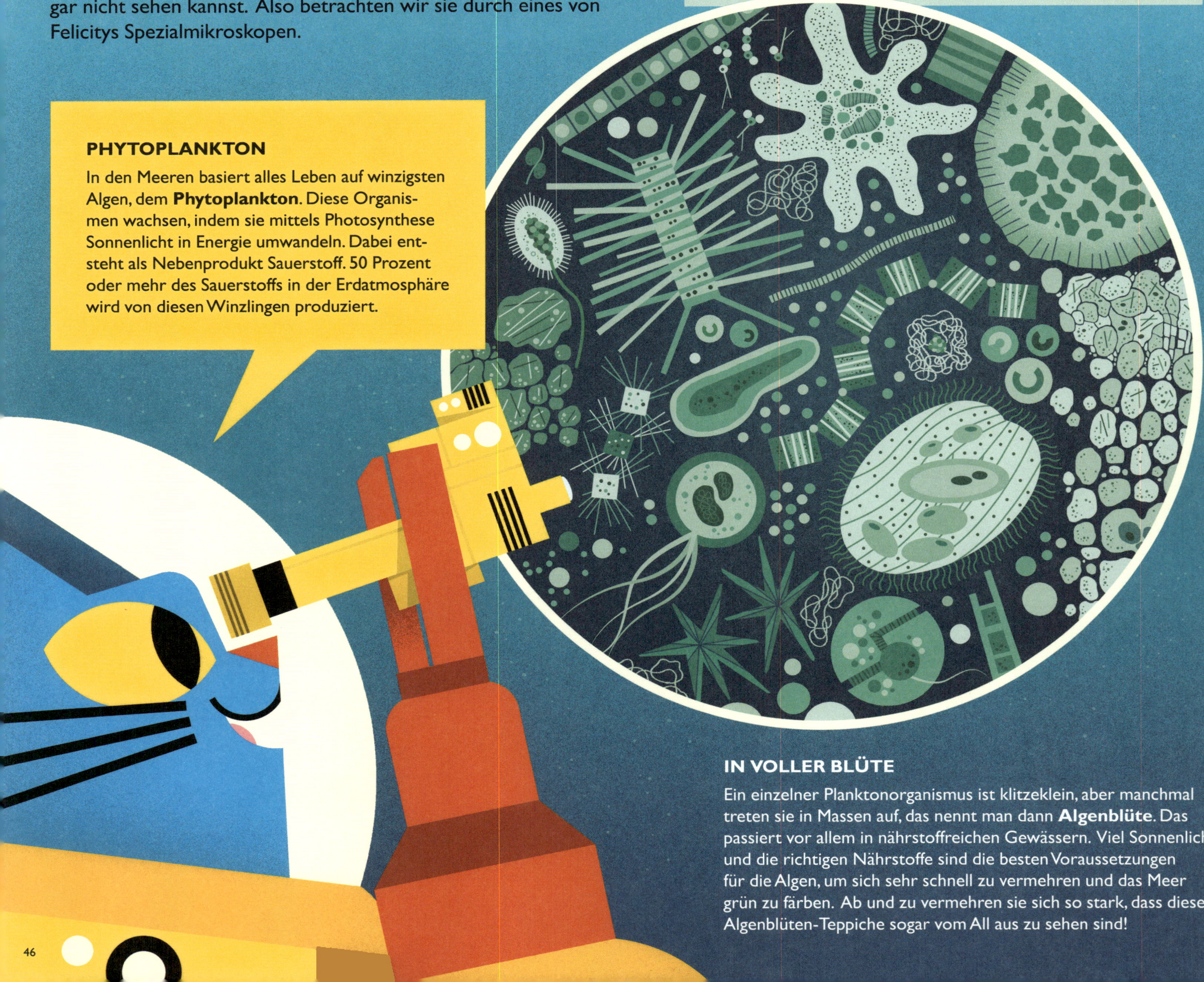

IN VOLLER BLÜTE

Ein einzelner Planktonorganismus ist klitzeklein, aber manchmal treten sie in Massen auf, das nennt man dann **Algenblüte**. Das passiert vor allem in nährstoffreichen Gewässern. Viel Sonnenlicht und die richtigen Nährstoffe sind die besten Voraussetzungen für die Algen, um sich sehr schnell zu vermehren und das Meer grün zu färben. Ab und zu vermehren sie sich so stark, dass diese Algenblüten-Teppiche sogar vom All aus zu sehen sind!

ZOOPLANKTON

Phytoplankton wird von **Fischlarven** und winzigen Tieren namens **Zooplankton** gefressen. Ein Teil des Zooplanktons kommt nur nachts zum Fressen an die Wasseroberfläche. Tagsüber sinkt er Hunderte Meter ab, um nicht selbst von hungrigen Seevögeln oder Fischen gefressen zu werden. Zooplankton umfasst winzige Einzeller, **Protozoen,** und größere vielzellige Tiere, wie kleine Garnelen und Ruderfußkrebse.

WASSEREIER

Um sich fortzupflanzen, lassen Meerestiere wie Fische, Krebse, Austern und Seesterne ihre Eier ins Wasser ab. Die daraus schlüpfenden Larven müssen auch etwas zu fressen finden. Sie zählen zum Zooplankton, bis sie größer geworden sind.

Wow, diese winzigen Tierchen fressen sich pausenlos gegenseitig auf!

Das ist erst der Anfang, Evie! Sie bilden die Grundlage eines gigantischen **Nahrungsnetzes**. Schauen wir uns das gleich mal genauer an.

REIN UND RAUS

Fische, die sich von unterschiedlichen Planktonarten ernähren, bezeichnet man als Filtrierer. Sie nehmen ihre Nahrung auf, indem sie Meerwasser einsaugen und es wieder herauspressen, wobei sie das Plankton in siebartigen Reusen in ihren Kiemen auffangen.

NAHRUNGSNETZ

Die größten und die kleinsten Lebewesen in den Meeren sehen unterschiedlich aus und scheinen jeweils ein eigenes Leben führen. Bei genauerem Hinsehen stehen sie aber in viel engerer Verbindung zueinander, als du vielleicht denkst. Denn tatsächlich ist alles Leben im Meer – egal ob Beutetier oder Fressfeind – durch ein dichtes Netz von Beziehungen miteinander verbunden.

GROSS UND KLEIN

Normalerweise stehen größere Tiere am oberen Ende der Nahrungskette. Die größten Meerestiere, die **Bartenwale,** fressen jedoch die kleinsten Meerestiere und stehen damit ziemlich weit unten in der Nahrungskette. Das ist schlau, denn schließlich gibt es von den kleinen Tieren viel mehr als von den großen.

= wird gefressen von

KRILL

ZOOPLANKTON

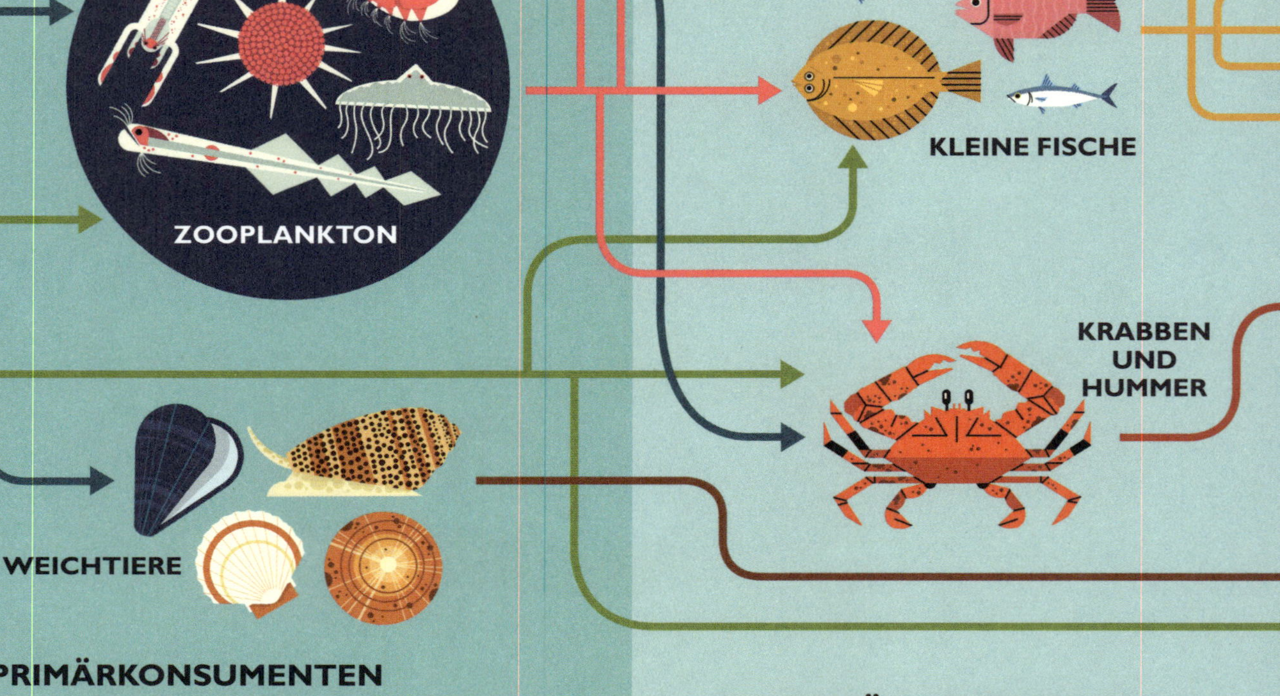

PRIMÄRPRODUZENTEN

Auf der untersten Ebene des Nahrungsnetzes finden sich sogenannte Primärproduzenten wie Seetang und Phytoplankton. Diese Organismen betreiben Photosynthese, wandeln also Sonnenlicht und Kohlendioxid in Sauerstoff und Zucker um und nutzen diese Energie, um zu wachsen und sich fortzupflanzen.

PRIMÄRKONSUMENTEN

Tiere, die Primärproduzenten fressen, sind Primärkonsumenten. Zu ihnen gehören Zooplankton, Krill und Napfschnecken. Alle Primärkonsumenten sind Algenfresser. Sie ernähren sich also von Algen und anderen Organismen, die Photosynthese betreiben, und nicht vom Fleisch anderer Tiere.

SEKUNDÄRKONSUMENTEN

Sekundärkonsumenten fressen Primärkonsumenten. Sie sind also Fleischfresser. Daneben gibt es auch Allesfresser, die sowohl andere Tiere, als auch Algen fressen. Allesfresser sind also eine Mischung aus Primär- und Sekundärkonsumenten.

EMPFINDLICHES GLEICHGEWICHT

Nahrungsnetze sind komplexe Gebilde, denn sie setzen sich aus zahllosen Beziehungen zusammen. Wir müssen darauf achten, ihr empfindliches Gleichgewicht nicht zu stören, indem wir die Meere verschmutzen oder überfischen, denn wir können nicht vorhersehen, welche Auswirkungen das auf den Rest des Netzes hätte. Wenn zum Beispiel giftige Pestizide oder Plastik ins Meer gelangen, werden sie von Fischen gefressen und enden so im Nahrungsnetz. Viele verschiedene Tiere werden darunter leiden.

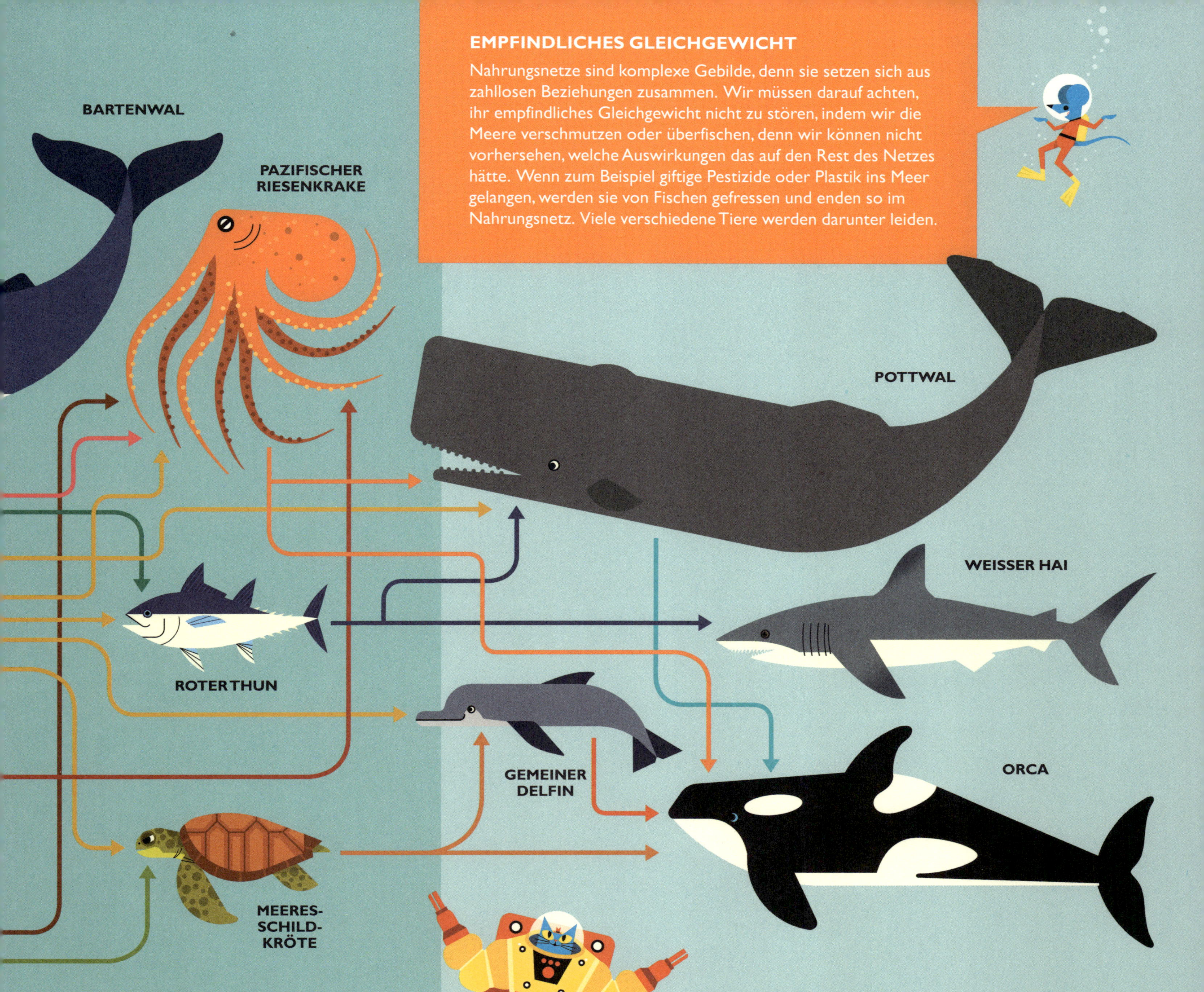

BARTENWAL

PAZIFISCHER RIESENKRAKE

POTTWAL

WEISSER HAI

ROTER THUN

GEMEINER DELFIN

ORCA

MEERES-SCHILD-KRÖTE

TERTIÄRKONSUMENTEN

Die meisten Meerestiere befinden sich irgendwo in der Mitte des Nahrungsnetzes. Sie ernähren sich von anderen Organismen, werden aber auch selbst von Lebewesen gefressen.

SPITZENRÄUBER

Haie und Zahnwale stehen im Nahrungsnetz ganz oben, weil sie keine natürlichen Feinde haben. Das bedeutet aber keineswegs, dass sie nicht irgendwann gefressen werden! Denn wenn ein Spitzenräuber stirbt, knabbern Aasfresser an seinem Kadaver, bis nichts mehr übrig ist – im Meer wird nichts verschwendet.

DÄMMERZONE

Das Leben tief unter dem Meeresspiegel unterscheidet sich sehr stark vom Leben an Land. Wenn wir die lichtreiche Zone hinter uns lassen und in die Dämmerzone eintauchen, wird das Licht schwächer und die Temperatur sinkt. Weder Seetang noch Algen können hier noch gedeihen, da das Sonnenlicht für Photosynthese nicht ausreicht. Jedes der Tiere hier hat sich seiner dunklen Umgebung auf seine eigene, seltsame und wundervolle Weise angepasst.

Gespensterfische haben durchsichtige Köpfe. Dadurch können sie die Schatten von über sie hinwegschwimmenden Tieren erkennen. Zudem haben sie nach unten gerichtete Augen mit integrierten Spiegeln, weshalb sie selbst bei schwachem Licht scharf sehen können. Sie können damit gleichzeitig nach unten sehen und die Biolumineszenz der Tiere unter sich wahrnehmen.

MITTERNACHTSZONE

Ab 1000 Metern unter dem Meeresspiegel herrscht völlige Dunkelheit. Deshalb produzieren viele Lebewesen mithilfe von **Biolumineszenz** ihr eigenes Licht.

Der **Tiefsee-Anglerfisch** lockt seine Beute mit einem leuchtenden Köder. Wenn dann ein anderer Fisch in seine Nähe kommt und sich einen leckeren Happen erhofft, schnappt stattdessen der Anglerfisch zu!

Pelikanaale haben gewaltige Mäuler, mit denen sie große Beutetiere verschlucken, die sie dann in ihre dehnbaren Bäuche schieben. Außerdem sitzen an ihren Schwänzen Leuchtorgane, mit denen sie Fische anlocken.

Wenn **Atolla-Quallen** angegriffen werden, blinken sie hell. Das soll noch größere Jäger anziehen, die ihren Angreifer verschlingen.

EIN SCHMAUS IM DUNKELN

Manche Bewohner der Dämmerzone steigen nachts zur Oberfläche auf, um im Schutz der Dunkelheit zu jagen und rechtzeitig vor Sonnenaufgang wieder abzutauchen. Andere verlassen die Dämmerzone nie, warten entweder auf Nahrung, die als Meeresschnee von oben herunterrieselt, oder machen Jagd auf andere Tiere.

Quastenflosser sind die älteste, heute noch lebende Fischart – es gab sie schon vor den Dinosauriern!

In diesen Tiefen halten die meisten Jäger Ausschau nach den Schatten von Beute, die sich über ihnen befindet. **Tiefsee-Beilfische** benutzen einen raffinierten Trick: Sie strahlen mit ihren Bäuchen Licht aus, sodass sie keine Schatten nach unten werfen.

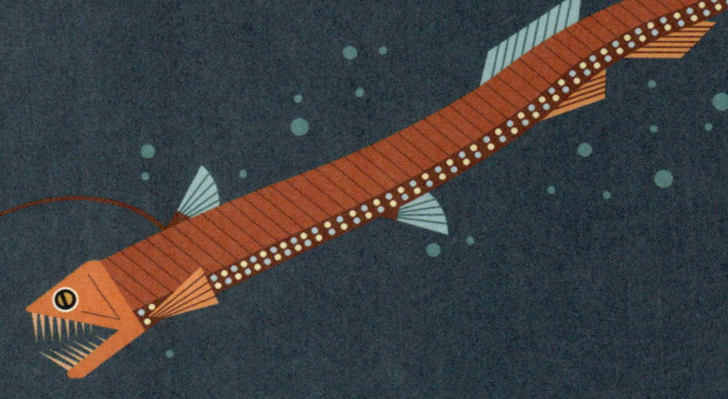

Viperfische haben furchterregende Zähne, mit denen sie ihre Beute aufspießen und festhalten. Nahrung kommt nicht oft vorbei, also müssen sie jede Gelegenheit beim Schopf packen.

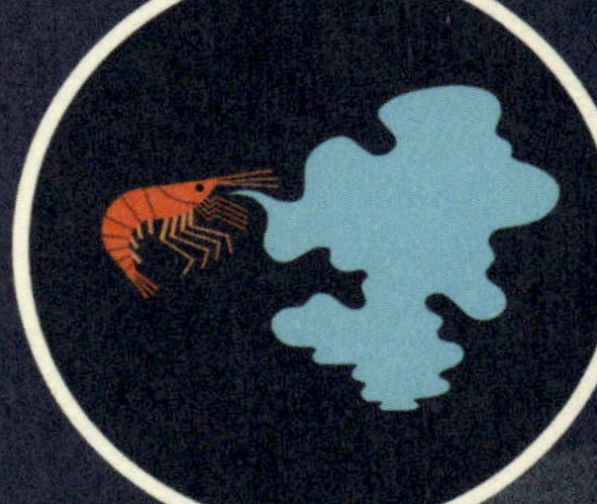

Rote Garnelen verwirren ihre Angreifer, indem sie eine leuchtende Flüssigkeit versprühen.

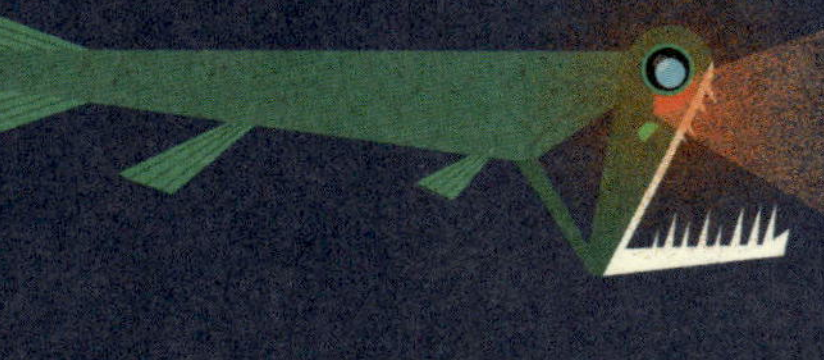

Schwarze Tiefseebartelfische strahlen mit speziellen Organen, die unter ihren Augen sitzen, rotes Licht aus, das für andere Tiere unsichtbar ist. Sie kommunizieren so untereinander und lokalisieren heimlich ihre Beute.

AM TIEFSTEN PUNKT

Wir wagen uns noch weiter hinab, bis zum tiefsten Ort überhaupt – dem Tiefseeboden im Marianengraben. Alles, was vom Leben dort unten bekannt ist, verdanken wir einer Handvoll Expeditionen. Was es dort wohl noch alles zu entdecken gibt?

DER TIEFSEEBODEN

Hier unten ist es zappenduster, sehr kalt und es sieht aus wie in einer Einöde. Und doch gibt es hier Leben. Von oben rieselt Meeresschnee herab, der sich am Tiefseeboden sammelt. Ab und zu sinkt auch ein riesiger Wal-Kadaver auf den Grund und versorgt die Bewohner der Tiefe mit Unmengen an Nahrung.

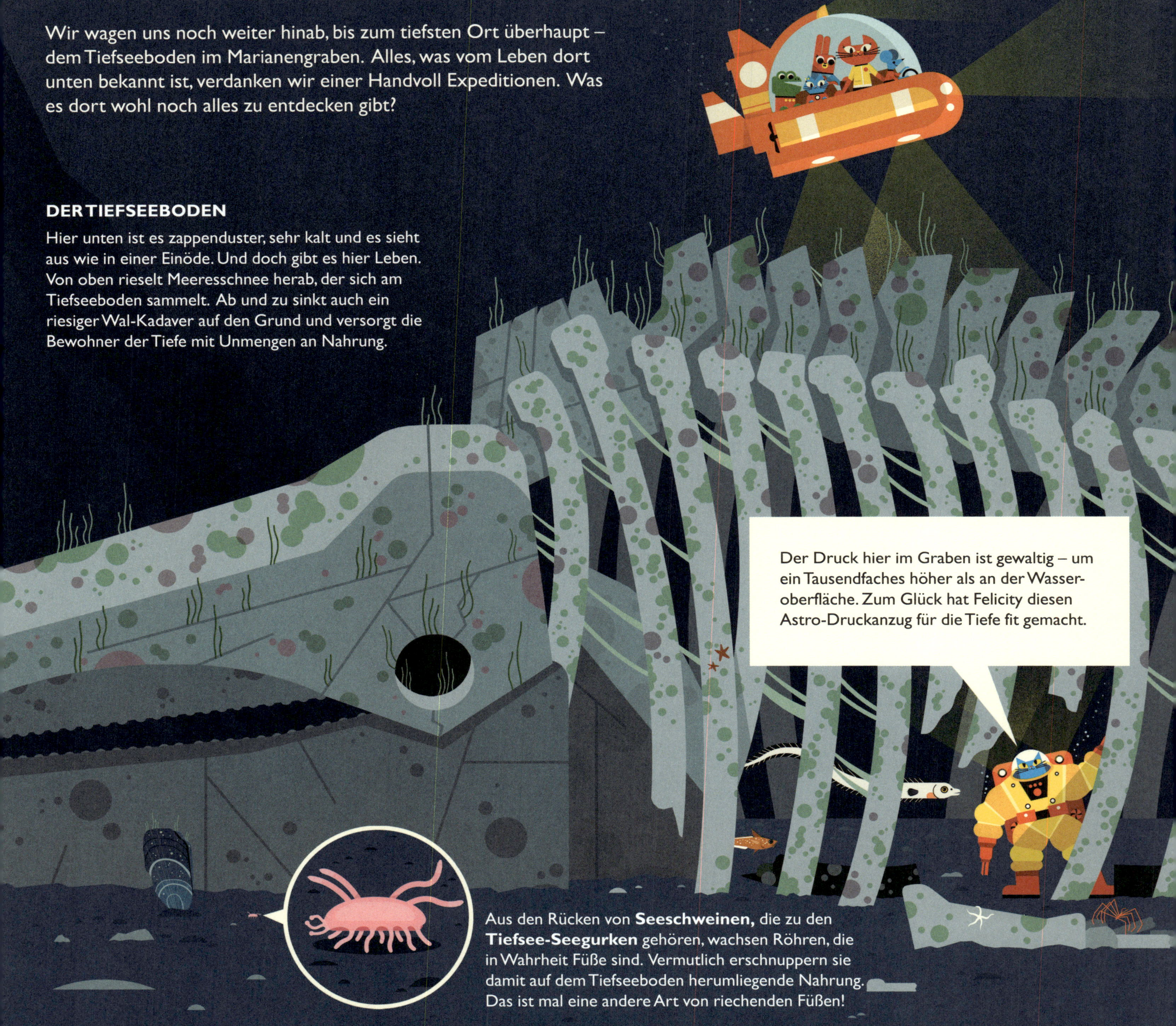

Der Druck hier im Graben ist gewaltig – um ein Tausendfaches höher als an der Wasseroberfläche. Zum Glück hat Felicity diesen Astro-Druckanzug für die Tiefe fit gemacht.

Aus den Rücken von **Seeschweinen,** die zu den **Tiefsee-Seegurken** gehören, wachsen Röhren, die in Wahrheit Füße sind. Vermutlich erschnuppern sie damit auf dem Tiefseeboden herumliegende Nahrung. Das ist mal eine andere Art von riechenden Füßen!

HYDROTHERMALE TIEFSEEQUELLEN

Im Umfeld des Marianengrabens beziehen die Lebewesen ihre Energie nicht von der Sonne, sondern von hydrothermalen Quellen. Aus diesen Schloten am Tiefseeboden sprudelt extrem heißes, mineralreiches Wasser, das im Inneren der Erde erhitzt wurde.

BAU-ZELLEN

Winzige **Mikroorganismen,** die **Archaebakterien,** gewinnen aus diesen Mineralien Energie, stellen Zucker her, wachsen und vermehren sich. Diese Zellen bilden die Nahrung für alle anderen Organismen rund um die Quellen.

ZIEMLICH DURCHSICHTIG

Rund um hydrothermale Quellen ansässige Tiere sind oft weiß oder fast durchscheinend. Sie selbst ahnen davon nichts – dort unten ist es schließlich stockfinster, und die meisten Tiere sind vollkommen blind.

Schleimaale können monatelang ohne Nahrung auskommen. Wenn sie dann aber auf einen saftigen Kadaver stoßen, verknoten sie sich buchstäblich, weil sie so tiefer ins Fleisch eindringen können. Außerdem sind sie ausgesprochen schleimig – bis zu 20 Liter produzieren sie auf einen Schlag. Das entspricht 20 Flaschen Limo!

Knochenfresser-Würmer der Gattung Osedax sondern eine Säure ab, um sich in Walknochen zu bohren und so an das leckere Kollagen darin zu gelangen. Das können allerdings nur die weiblichen Würmer. Die Männchen sind nämlich viel kleiner als die Weibchen, bleiben für immer im Larvenstadium und verbringen ihr ganzes Leben in der Wohnröhre des Weibchens.

LEGENDEN DER TIEFE

Du siehst: Es gibt in den Tiefen der Meere jede Menge erstaunliche Kreaturen und Phänomene, über die wir kaum etwas wissen. Einer der rätselhaftesten Meeresbewohner ist der **Koloss-Kalmar**. Er lebt weit unter der Oberfläche, in zwei Kilometern Tiefe oder mehr.

KUNG-FU-KALMAR

Die Arme des Koloss-Kalmars sind mit gezackten Saugnäpfen bestückt, und dazu hat er bewegliche, mit Widerhaken versehene Zähne. Bei einem Kampf bohrt er sie den Walen ins Fleisch. Seine Zähne und Widerhaken bestehen aus Chitin, einer sehr festen Substanz, ähnlich wie deine Fingernägel. Der Körper des Koloss-Kalmars wird **Mantel** genannt, hat acht Arme und zwei längere Tentakel, die er beim Angriff einsetzt.

Professor, ich habe eine Herde Pottwale am Unterwasser-Mikrofon verfolgt. In dieser Tiefe jagen sie Koloss-Kalmare. Vielleicht führen sie uns ja direkt zu einem hin?

Da sind sie!
Da sind sie!

Es ist doch nur ganz wenig über Koloss-Kalmare bekannt – woher weißt du, dass Pottwale Jagd auf sie machen?

In den Mägen von Pottwalen wurden Schnäbel von Koloss-Kalmaren gefunden. Außerdem haben viele Wale Narben, die von den riesigen Tentakeln der Kalmare stammen.

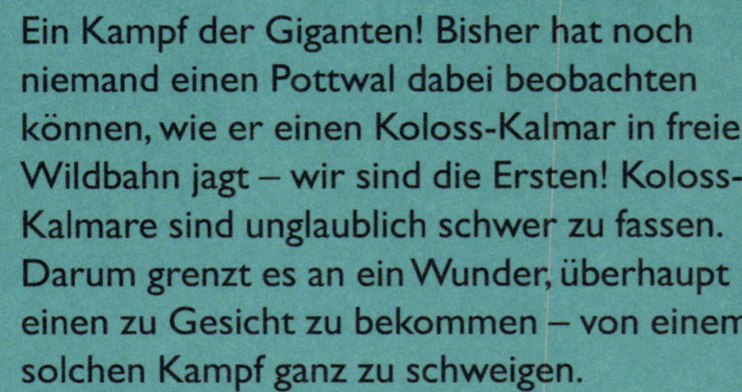

UNTER DRUCK

Pottwale können bis zu zwei Kilometer tief tauchen und mehr als eine Stunde lang die Luft anhalten! Dazu speichern sie Sauerstoff, allerdings nicht in ihren Lungen, sondern mithilfe des Moleküls **Myoglobin** in ihren Muskeln. Tatsächlich werden in dieser Tiefe auch die Lungen von Pottwalen zwischenzeitlich zusammengedrückt. Es wird noch immer gerätselt, wie sie dem Druck in dieser Tiefe standhalten.

WAS HAST DU NUR FÜR GROSSE AUGEN?

In dieser Finsternis jagt der Pottwal mithilfe der Echoortung. Der Koloss-Kalmar hat diese Fähigkeit nicht, weshalb er näher kommende Wale mit bloßem Auge erkennen muss. Nicht umsonst hat er die größten Augen im gesamten Tierreich!

KOPFÜBER

Bei der Jagd können Pottwale kopfüber schwimmen. Dann orientieren sie sich an dem diffusen Licht, das von der Wasseroberfläche nach unten dringt, und lauern auf die Schatten potenzieller Beutetiere über sich.

Ich unterbreche ja nur ungern, aber was ist das für ein riesiges Ding auf meinem Sonar?

TIEFSEEBERGE

Ein Tiefseeberg ist ein Berg, nur eben unter Wasser. Tatsächlich gibt es jede Menge Berge und Täler am Meeresboden, die durch die Bewegung der tektonischen Platten auf dem Erdmantel entstanden sind. Leute, ich will jetzt keine Panik verbreiten, aber wir steuern direkt auf einen zu!

PLATTENBEWEGUNG

Ähnlich wie im Meer gibt es auch im Erdinneren Strömungen. Anstelle von Wasser bewegt sich hier weiches, heißes Gestein, das den **Erdmantel** bildet. Die Bewegungen des Mantels bewirken, dass die darüberliegenden **Platten** sich verschieben.

HOTSPOTS

An einigen Stellen ist der Erdmantel besonders heiß. Diese Bereiche nennt man **Hotspots** (Englisch für »heiße Flecken«). Wenn sich die Platten über diese Hotspots schieben, erhitzt sich die Erdkruste und schmilzt. Das führt dazu, dass flüssiges Gestein als Lava aus dem Hotspot schießt – und fertig ist der **Vulkan**.

VOM VULKAN ZUM TIEFSEEBERG

Über Millionen von Jahren schiebt sich die Erdkruste langsam über den Hotspot. Während der Bereich über dem Hotspot weiterwandert, erlischt der entstandene Vulkan, und über dem gleichen Hotspot entsteht ein neuer. Wenn der alte Vulkan abkühlt und einsinkt, entsteht ein **Tiefseeberg**. Dieser Vorgang wiederholt sich immer wieder, wodurch über jedem Hotspot eine ganze Kette von Tiefseebergen entsteht.

GRÄBEN GRABEN

Durch die Plattenbewegungen auf dem Erdmantel können am Ozeanboden gewaltige Gräben entstehen, manche tiefer als die höchsten Berge. Wenn eine Platte gegen die andere stößt, drängt eine von ihnen in den Erdmantel. Dadurch entsteht am Meeresgrund ein sehr tiefes Tal, eine **Subduktionszone**. Das erklärt, weshalb der Marianengraben so tief ist.

VULKANISCHE INSELN

Inseln wie Hawaii, Island und die **Galapagosinseln** liegen direkt über Hotspots. Als aktive Vulkane könnten sie jederzeit ausbrechen und kochend heiße Lava ausstoßen!

GALAPAGOSINSELN

Ah, nach so langer Zeit unter Wasser tut etwas frische Luft richtig gut! Wenn meine Berechnungen stimmen, sind wir an den unglaublichen Galapagosinseln aufgetaucht. Das ist eine Gruppe von Vulkaninseln im Pazifischen Ozean, die völlig abgeschieden 1000 Kilometer vor der Küste Ecuadors liegt. Sie ist wegen ihrer einzigartigen Tierwelt weltberühmt – einige Tierarten gibt es nirgendwo sonst auf der Welt!

EINZIGARTIG

Eine Art, die es nur an einem Ort gibt, nennt man **endemisch**. Die Galapagosinseln haben mehr davon als jeder andere Ort. Um ihren Lebensraum zu schützen, wurden 97 Prozent der Inseln zum Nationalpark erklärt. Dort dürfen keine Menschen leben.

WUSSTEST DU SCHON?

Um überschüssiges Salz aus ihren Körpern auszuscheiden, haben Meerechsen einen speziellen Trick: Sie rotzen es mit ihrem Schnodder aus!

MEERESSCHILDKRÖTEN

Meeresschildkröten haben einen abwechslungsreichen Speiseplan – von Seetang über Krebstiere bis hin zu Quallen. Die Reptilien haben sich dem Leben im Wasser hervorragend angepasst und statt Beinen Schwimmflossen entwickelt. Überschüssiges Salz in ihren Körpern werden sie los, indem sie salzige Tränen weinen. Außerdem können sie bis zu sieben Stunden den Atem anhalten!

SCHWIMMENDE ECHSEN

Die **Meerechsen** auf Galapagos genießen es, im Meer zu baden. Als einzige Echsenart haben sie sich dem Leben im Salzwasser angepasst. Sie verbringen viel Zeit unter Wasser – bis zu 30 Minuten am Stück – und fressen sich dort am Seetang satt.

TANZENDE TÖLPEL

Von den drei bekannten Arten von **Galapagos-Tölpeln** haben zwei sehr farbenfrohe Füße: Je nach Art sind sie blau, rot oder braun. Bei der Balz zeigt sich ihre Leidenschaft fürs Tanzen. Dabei lassen sie ihre leuchtend bunten Füße blitzen.

EINSAMER GEORGE

Die größte Schildkrötenart der Welt ist auf den Galapagosinseln zu Hause, mit eigenen Unterarten auf den verschiedenen Inseln. Bis zu ihrem Tod im Jahr 2012 war die **Pinta-Riesenschildkröte** Lonesome George von der Insel Pinta die Letzte ihrer Unterart – Menschen haben sie ihres Fleisches wegen gejagt, bis sie ausstarb. Diese traurige Geschichte zeigt, warum wir die übrige Tierwelt auf den Inseln schützen und vor dem Aussterben bewahren müssen.

ZAHM BIS ZUTRAULICH

Erstaunlicherweise existieren auf den Galapagosinseln keine natürlichen Fressfeinde, daher haben viele der dort lebenden Tiere keine Angst vor Menschen.

TROPISCHE PINGUINE

Wenn du an Pinguine denkst, stellst du sie dir wahrscheinlich in einer eiskalten Umgebung vor. Das trifft aber nicht auf alle zu. Auf diesen Inseln leben tropische **Galapagos-Pinguine** – die einzige Pinguin-Art, die auf der Nordhalbkugel beheimatet ist.

Wir befinden uns genau auf dem Äquator und haben noch zwei Ziele auf dem Programm. Das Problem ist nur, dass sie in entgegengesetzten Richtungen liegen. Am besten, wir teilen uns auf, um Zeit zu sparen.

Großartige Idee! Ich mach' den Astrokopter startklar!

ANTARKTIS

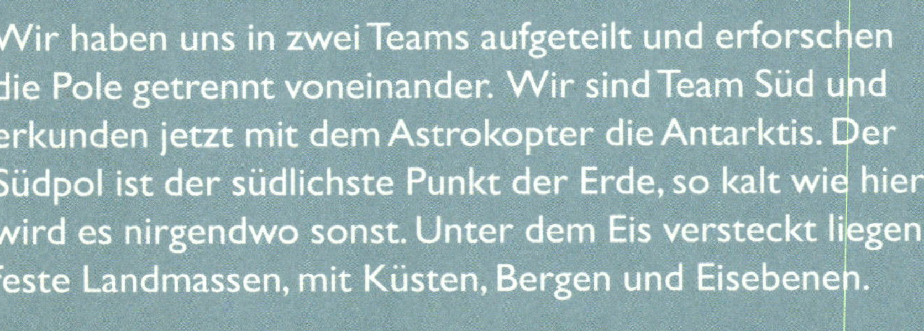

Wir haben uns in zwei Teams aufgeteilt und erforschen die Pole getrennt voneinander. Wir sind Team Süd und erkunden jetzt mit dem Astrokopter die Antarktis. Der Südpol ist der südlichste Punkt der Erde, so kalt wie hier wird es nirgendwo sonst. Unter dem Eis versteckt liegen feste Landmassen, mit Küsten, Bergen und Eisebenen.

ALBATROS

AUSDAUERNDER PINGUIN

Mit ihren torpedoförmigen Körpern und starken Schwimmflossen sind Pinguine unglaublich gute Schwimmer. **Kaiserpinguine** brüten ihre Jungen auf der Eisdecke aus und nehmen lange Wege in Kauf, um im Meer Nahrung zu sammeln.

VOGELPARADIES

Eisbären und Polarfüchse gibt es nur am Nordpol. Das ist eine gute Nachricht für Tausende **Pinguine, Albatrosse** und andere Vögel, weil sie am Boden nisten können, ohne dass ihnen diese Beutegreifer auflauern. Besser noch: Südpolarvögel haben am Boden überhaupt keine Fressfeinde!

SEELEOPARD

GEMEINSAM STARK

Wenn Pinguine sich ins Meer begeben, droht ihnen Gefahr durch Räuber wie **Seeleoparden** oder **Schwertwale**. Sie steigern ihre Überlebenschancen, indem sie flugs alle gemeinsam ins Wasser hüpfen. Das macht es den Angreifern schwerer, einzelne herauszupicken.

WEDDELL-ROBBE

WUSSTEST DU SCHON?

Der Gefrierpunkt von Meerwasser ist niedriger (-2° Celsius) als der von Leitungswasser (0° Celsius) – das liegt am höheren Salzgehalt im Meerwasser.

ARKTIS

Das Team Nord hat soeben den Nordpol erreicht! Die Arktis ist der nördlichste Punkt der Erde, ein klirrend kaltes Polargebiet. Anders als am Südpol befindet sich hier kein Festland unter den Eismassen. Jahr für Jahr wächst das Eis im Winter, im Sommer schmilzt es teilweise wieder.

SCHMELZENDES EIS

Durch den **Klimawandel** wird es stetig wärmer auf der Erde, was zur Folge hat, dass das Polareis Jahr für Jahr weiter schmilzt. Dadurch verkleinert sich der Lebensraum für die dort lebenden Tiere, und sie sind vom Aussterben bedroht.

SATTELROBBE

BABY-SATTELROBBE

EIS-SCHNÜFFLER

Eisbären sind die größten Bären der Welt. Sie haben einen unglaublich feinen Geruchssinn und jagen Robben auf dem Eis.

ULKIGER ZAHN

Narwale haben einen einzigen, langen Stoßzahn, der spiralförmig gedreht ist. Warum nur die Männchen diesen Stoßzahn haben, ist noch immer ein Rätsel. Unterschiedlichen Theorien zufolge nutzen sie ihn, um Fische zu jagen, gegen andere Männchen zu kämpfen oder um Temperatur- oder Wasserdruckschwankungen festzustellen.

POLAR-DORSCH

BANDROBBE

NARWAL

RINGEL-ROBBE

BEUTE-TAUCHGANG

Ringelrobben und **Bandrobben** tauchen auf der Jagd nach Fischen und Tintenfischen unter die Eisdecke. Sie können unter Wasser nicht atmen. Deshalb müssen sie darauf achten, dass Eislöcher in der Nähe sind, um zwischendurch kurz Luft schnappen zu können.

IN GEFAHR

Auf unserer Reise sind uns viele kleine und große Wunder begegnet. Die unangenehme Wahrheit aber ist, dass es sie nicht mehr lange geben wird, wenn wir nicht handeln. Und zwar jetzt! Das Leben in den Meeren ist bedroht – von uns Menschen. Unsere Häuser verbrauchen jede Menge Strom, unsere Autos, Flugzeuge und Schiffe jede Menge Treibstoff. Die meiste Energie gewinnen wir aus der Verbrennung **fossiler Brennstoffe,** was negative Auswirkungen auf das Klima und die Weltmeere hat.

FOSSILE BRENNSTOFFE

Beim Verbrennen fossiler Brennstoffe entstehen Gase wie Kohlendioxid. Dieses und andere **Treibhausgase** legen sich wie eine Decke um die Erdatmosphäre, wodurch sie sich erwärmt.

DAHINGESCHMOLZEN

Wenn immer mehr Gletschereis schmilzt und in die Meere fließt, steigen die Wasserpegel, und viele Küstenstädte und Inseln werden **überflutet**.

PLASTIKMÜLL

Viel von dem Plastik, das wir benutzen, landet in den Meeren. Dort bleibt es sehr lange erhalten, weil Plastik nicht **verrottet**. Tiere fressen es, weil sie es für Nahrung halten. Irgendwann verhungern sie, weil ihre Mägen voll mit unverdaulichem Müll sind. Meeresbewohner können sich an größeren Plastikteilen verletzen oder sich in weggeworfenen alten Fischernetzen verheddern.

EINE FUHRE ALTMÜLL

Welche Ausmaße das Plastikmüllproblem inzwischen hat, zeigt der riesige Müllstrudel, der zwischen Kalifornien und Hawaii im Meer schwimmt. Dieser schwimmende **Müllteppich** ist drei Mal so groß wie Frankreich und wird **Great Pacific Garbage Patch** genannt.

SAURES MEER

Kohlendioxid ist wasserlöslich und bildet Kohlensäure. Der erhöhte Säuregehalt im Meerwasser erschwert es Korallen und Schalentieren, ihre Kalkschalen und Skelette aufzubauen.

BÖSES ÖL

Unsere Autos, Schiffe und Flugzeuge schlucken viel Öl. Noch viel schlimmer sind aber Unglücke, bei denen große Mengen Öl ins Meer gelangen. Seevögel, die in einen **Ölteppich** geraten, sterben, weil das Öl sie vergiftet oder ihr schützendes Federkleid verklebt.

STÜCK FÜR STÜCK

Plastik, das Licht und Sonne ausgesetzt ist, zerbröselt in winzige Teilchen. Es ist kaum möglich, dieses **Mikroplastik** aus dem Wasser zu filtern. Es ist überall und wird von Meeresbewohnern und Seevögeln verschluckt, ohne dass sie es bemerken.

AUS DEM GLEICHGEWICHT

Schon immer haben sich Menschen von Fischen und anderen Meerestieren ernährt. Heute gibt es aber immer mehr Menschen, die Fisch essen wollen, und damit immer mehr Fischerei – das führt zur **Überfischung** der Meere, und das Nahrungsnetz gerät aus dem Gleichgewicht.

UNSER PROBLEM

Auch Fische auf unserem Speiseplan, wie Thunfisch und Lachs, können Mikroplastik und **giftige Substanzen** wie **Quecksilber** enthalten. Diese lagern sich nach und nach in ihren Körpern ab, wenn sie andere Tiere fressen.

Das ist ja furchtbar! Was können wir tun, um all die wunderbaren Tiere zu schützen?

WAS DU TUN KANNST

Das sind finstere Aussichten, aber es gibt viele Dinge, die du tun kannst – und die andere bereits tun –, um diese negativen Auswirkungen abzuschwächen und den Meeren und ihren Bewohnern zu helfen.

ENERGIEVERBRAUCH

Reduziere deinen **CO_2-Fußabdruck,** indem du möglichst wenig Energie verbrauchst. Zum Beispiel, indem du elektrische Geräte abschaltest, wenn du sie gerade nicht benutzt, möglichst oft zu Fuß gehst oder mit dem Fahrrad fährst und weniger Fleisch isst. Die Produktion von rotem Fleisch wie Rindfleisch setzt besonders viel Kohlendioxid frei.

ERNEUERBARE ENERGIE

Viele Länder bemühen sich, auf **erneuerbare Energien** wie Wind- oder Solarenergie umzustellen. Je schneller die Welt aufhört, fossile Energiequellen zu nutzen, desto besser!

VERMEIDEN, WIEDERVERWENDEN, RECYCLEN

Versuche, so wenig Plastik wie möglich zu verwenden, damit nicht noch mehr davon in unsere Ozeane gerät. Verzichte insbesondere auf Einwegprodukte wie Plastikflaschen, Strohhalme oder Verpackungen. Wenn es sich nicht vermeiden lässt, benutze es möglichst **mehrfach** oder **recycle** es.

JUTE STATT PLASTIK!

Statt Plastiktüten kannst du **Stofftaschen** benutzen, und vermeide in Plastik abgepacktes Essen. Es gibt Unverpackt-Läden, in denen du Shampoo, Waschmittel und vieles andere in deine mitgebrachten und immer wieder verwendbaren Behälter abfüllen kannst.

NACHHALTIG ESSEN

Wenn wir uns aus dem Meer bedienen, müssen wir darauf achten, was und wie viel wir uns nehmen. Es ist wichtig zu wissen, welcher Fisch **bestandserhaltend** gefischt wird. Viele Länder kennzeichnen Fische und Meeresfrüchte, die aus nachhaltiger Fischerei stammen. Mach dich schlau!

PAZIFISCHE SCHUTZZONE

Pazifik-Inseln wie Palau haben ringsum Schutzzonen eingerichtet, in denen kommerzielle Fischerei verboten ist. Diese **Meeresschutzgebiete** schützen nicht nur die dort ansässigen Tiere, sie helfen den Meeren auch, sich zu regenerieren und sich von den Auswirkungen des Klimawandels zu erholen. Umweltschützerinnen und -schützer setzen sich dafür ein, dass bis 2030 ein Drittel der Weltmeere zum Meeresschutzgebiet erklärt wird.

MÜLL STATT SAND

Müll, der im Meer schwimmt, wird an Land gespült und verdreckt die schönen Strände. Auf der ganzen Welt nehmen Leute dieses Problem in Angriff, indem sie sich zusammentun und **Strand-Säuberungsaktionen** veranstalten, bei denen sie so viel Müll wie möglich einsammeln und entsorgen. Wenn du in Küstennähe wohnst, kannst du dich informieren, ob es solche Aktionen auch an deinem Strand gibt. Oder du schnappst dir Erwachsene, die dir helfen, selbst eine zu organisieren!

KULTIVIERTE KORALLEN

Wissenschaftlerinnen und Wissenschaftler versuchen, Korallen unter **kontrollierten Bedingungen** zu züchten, um die Korallenriffe und die von ihnen abhängigen Tiere vor den Auswirkungen des Klimawandels zu schützen. Wenn ihnen das gelingt, werden die Korallen in der Natur ausgesetzt. So hätten die Korallen eine echte Chance, zu überleben.

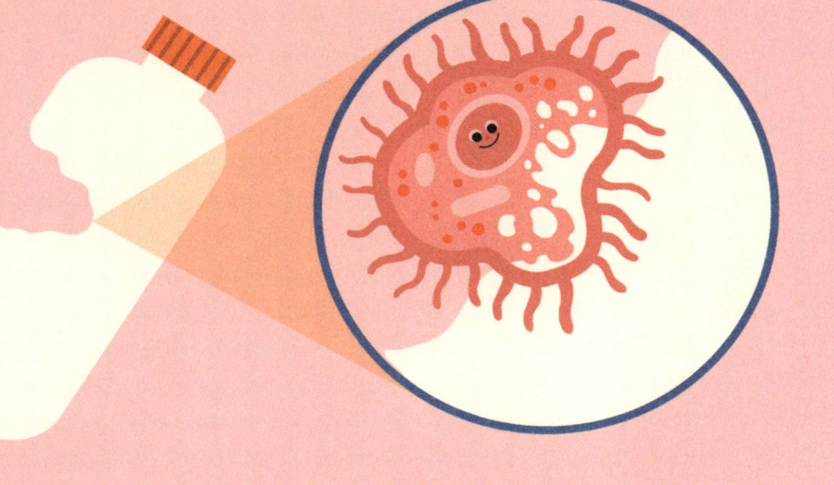

PLASTIKFRESSERCHEN

Kürzlich wurden Bakterien entdeckt, die das Plastik von Trinkflaschen **aufspalten** können. Vielleicht können wir den Appetit dieser hilfreichen Bakterien zukünftig nutzen, um den Plastikmüll in den Meeren zu reduzieren.

FAKTEN, FAKTEN, FAKTEN

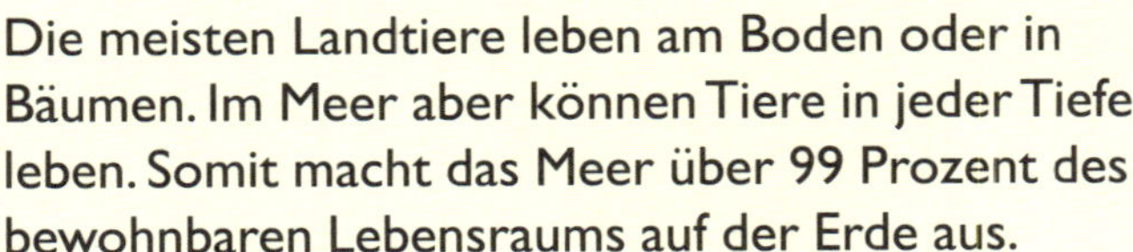

Die meisten Landtiere leben am Boden oder in Bäumen. Im Meer aber können Tiere in jeder Tiefe leben. Somit macht das Meer über 99 Prozent des bewohnbaren Lebensraums auf der Erde aus.

Würde alles Wasser der Erde in einem **riesigen Ball** gesammelt werden, hätte dieser Ball einen Durchmesser von 1400 Kilometern. Das entspricht der Entfernung zwischen London und Rom.

Das lauteste Geräusch im Meer erzeugen **Knallkrebse**. Die sitzen zu Zigtausenden zusammen und klappern mit ihren übergroßen Scheren. Mit diesem Lärm betäuben sie ihre Beute, kommunizieren mit Artgenossen oder gehen auf Partnersuche.

Der größte Rochen ist der **Riesenmanta** mit einer Flossenspannweite von bis zu neun Metern.

Untersuchungen von Delfin- und Walknochen haben uns Erkenntnisse über die **Entwicklungsgeschichte** dieser Tiere gebracht. Sie weisen Ansätze von Beckenknochen auf, obwohl sie längst keine Beine mehr haben.

Auf unserer Reise im und auf dem Wasser haben wir fantastische Orte besucht und sagenhafte Wesen kennengelernt. Alles Leben auf der Erde hat seinen Ursprung in den ungeheuren Wassermassen. Auch wir haben deshalb eine enge Beziehung zu ihnen. Von den majestätischen Walen bis zu den seltsamen Blobfischen – jedes einzelne Tier ist ein wundervolles Geschöpf, und wir sind stolz, diesen wunderbaren Planeten mit ihnen zu teilen. Es gibt noch so viel mehr zu entdecken und zu lernen. Hoffentlich war das hier erst der Anfang deiner ganz eigenen Erkundungsreise in die Tiefsee. Und nicht vergessen:

DIE WEITE WELT DES WISSENS WARTET AUF DICH!

Es haben mehr Menschen den Mond betreten als den **Marianengraben** erkundet!

Die **Exoskelette** (Panzer) von Krebsen sind hart und wachsen nicht. Deshalb werfen Krebse sie ab, und es wachsen ihnen neue, größere. Das machen sie bis zu 20 Mal in ihrem Leben.

Wenn der **Igelfisch** bedroht wird, bläht er sich zu seiner dreifachen Größe auf und sieht dann aus wie ein stacheliger Ball. Autsch!

Der größte jemals gesichtete **Riesenkrake** hatte eine Armspannweite von sage und schreibe neun Metern. Das ist länger als ein durchschnittliches zweistöckiges Haus hoch ist!

Sonnenblumenseesterne haben 15 000 kleine Saugfüßchen auf ihrer Unterseite.

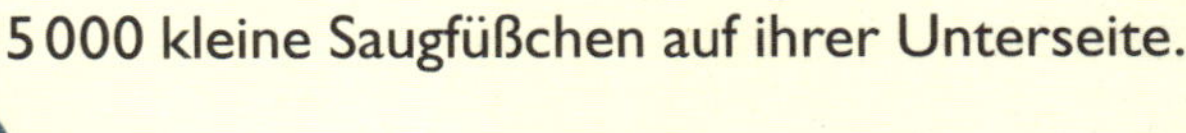

GLOSSAR

A

Absorbieren
Die Aufnahme z. B. von Nährstoffen oder Sauerstoff aus dem Wasser.

Abyssopelagial
Die Zone im Meer zwischen 4000 und 6000 Metern Tiefe. Von Griechisch *abyssos*, Abgrund.

B

Becken
Eine Vertiefung im Meeresboden.

Biolumineszenz
Ein glimmendes Licht, das manche Tiere und Fische selbst erzeugen.

C

Chitin
Die harte Substanz, aus der die Panzer und Exoskelette von Meerestieren bestehen.

E

Evolution
Prozess, in dem Menschen, Pflanzen und Tiere sich wandeln und mit der Zeit ihrem Lebensraum anpassen.

Exoskelett
Auch Außenskelett genanntes äußeres Gehäuse wie z. B. eine Muschel, mit dem sich ein Tier schützt.

F

Fossile Brennstoffe
Rohstoffe wie Kohle, Erdöl oder Gas, die zur Energiegewinnung verbrannt werden.

H

Haftorgan
Wurzelartiges Organ, mit dem sich eine Pflanze an

Hydrothermale Quelle (Tiefseeschlot)
Quelle am Tiefseeboden, wo in der Magmaschicht erhitztes Wasser durch Schlote nach oben dringt.

K

Klimawandel
Weltweite Wetterveränderungen, meistens in Bezug auf den generellen Anstieg der Temperaturen.

Kondensation
Übergang eines Stoffes vom gasförmigen in den flüssigen Zustand.

L

Lebensraum
Auch Habitat genannt. Die natürliche Umgebung, in der eine Tier- oder Pflanzenart lebt.

M

Meeresspiegel
Höhenniveau der Meeresoberfläche und Ausgangspunkt für die Bemessung der Meerestiefe.

Mikroben
Winzige Organismen, die man nur mit dem Mikroskop sehen kann.

N

Navigieren
Das Steuern eines Schiffes zum gewünschten Ziel.

O

Ökosystem
Die Gesamtheit von Lebewesen, die an einem Ort vorkommen und sich gegenseitig beeinflussen.

Organismus
Ein Lebewesen, wie etwa eine Pflanze, ein Tier oder eine

P

Photosynthese
Wenn eine Pflanze Sonnenlicht und Kohlenstoffdioxid in Energie, also Nahrung, umwandelt.

Polypen
Kleine Wasserlebewesen mit Tentakeln, die sich unter Wasser auf Gestein ansiedeln.

S

Sonar
Gerät, das mittels Schallwellen die Meerestiefe berechnet und Hindernisse ortet.

T

Tektonik
Die Bewegung der äußeren Erdschichten, tektonische Platten genannt.

Treibhausgase
Gase, die in der Erdatmosphäre zum Klimawandel beitragen, also zur Erhöhung der Temperaturen.

V

Verdunstung
Der Übergang eines Stoffes vom flüssigen in den gasförmigen Zustand.

W

Wirbellose
Tiere, die weder Wirbelsäule noch Skelett besitzen.

Wirbeltiere
Tiere, die ein Skelett und eine Wirbelsäule haben.

INDEX